Impressum
Verlag: BABADADA GmbH, Nedderfeld 112 , 22529 Hamburg
Geschäftsführer / Verlagsleitung: Harald Hof
Druck: Books on Demand GmbH, In de Tarpen 42, 22848 Norderstedt

Imprint
Publisher: BABADADA GmbH, Nedderfeld 112 , 22529 Hamburg, Germany
Managing Director / Publishing direction: Harald Hof
Print: Books on Demand GmbH, In de Tarpen 42, 22848 Norderstedt

1

мактаб

shule

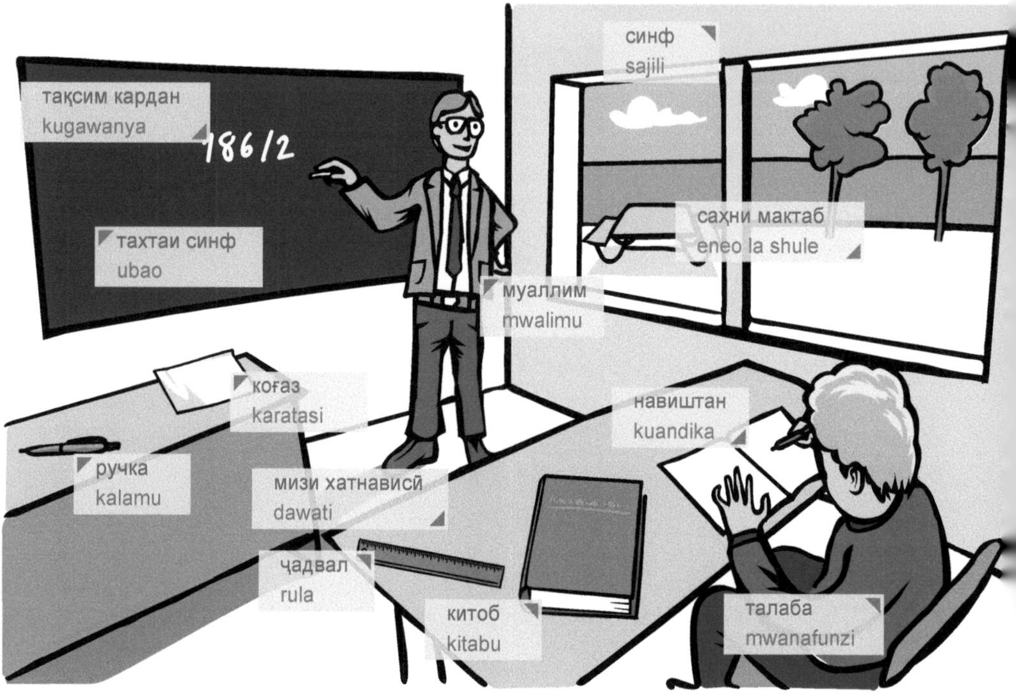
синф
sajili
тақсим кардан
kugawanya
186/2
тахтаи синф
ubao
сахни мактаб
eneo la shule
муаллим
mwalimu
коғаз
karatasi
навиштан
kuandika
ручка
kalamu
мизи хатнависӣ
dawati
ҷадвал
rula
китоб
kitabu
талаба
mwanafunzi

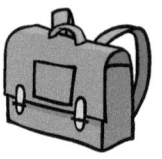

ҷузвдон

mkoba

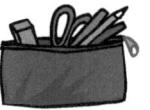

қаламдон

kikasha cha penseli

қалам

penseli

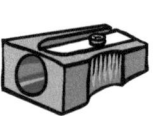

қаламтезкунак

kichonga penseli

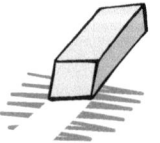

хаткуркунак

mpira

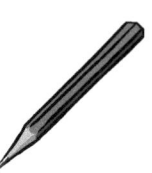

блокноти расмкашӣ

pedi ya kuchora

расм

uchoraji

мӯқалами рассомӣ

brashi ya rangi

қуттии рангхо

sanduku la rangi

қайчӣ

mkasi

ширеш

gundi

дафтари машқ

daftari

вазифаи хонагӣ

kazi ya nyumbani

рақам

nambari

2+2

чамъ кардан

jumlisha

кам кардан

ondoa

зарб задан

zidisha

ҳисоб кардан

kokotoa

ҳарф

barua

алфавит

alfabeti

калима

neno

матн

maandishi

хондан

kusoma

бӯр

chaki

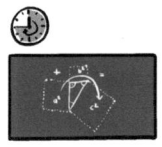

дарс

somo

журнали синфй

sajili

имтиҳон

uchunguzi

шаҳодатнома

cheti

либоси мактабй

sare za shule

таҳсил/маориф

elimu

энсиклопедия

elezo

донишгоҳ

chuo kikuu

микроскоп (more frequently used)

darubini

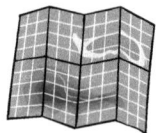

харита

ramani

сабади партофҳои коғазй

kikapu cha kuweka karatasi chafu

саёҳат
usafiri

меҳмонхона
hoteli
Grand
хобгоҳ
hosteli
ROOMS
нуқтаи мубодилаи асъор
ofisi ya ubadilishanaji
CHANGE
чамадон
sanduku
мошин
gari

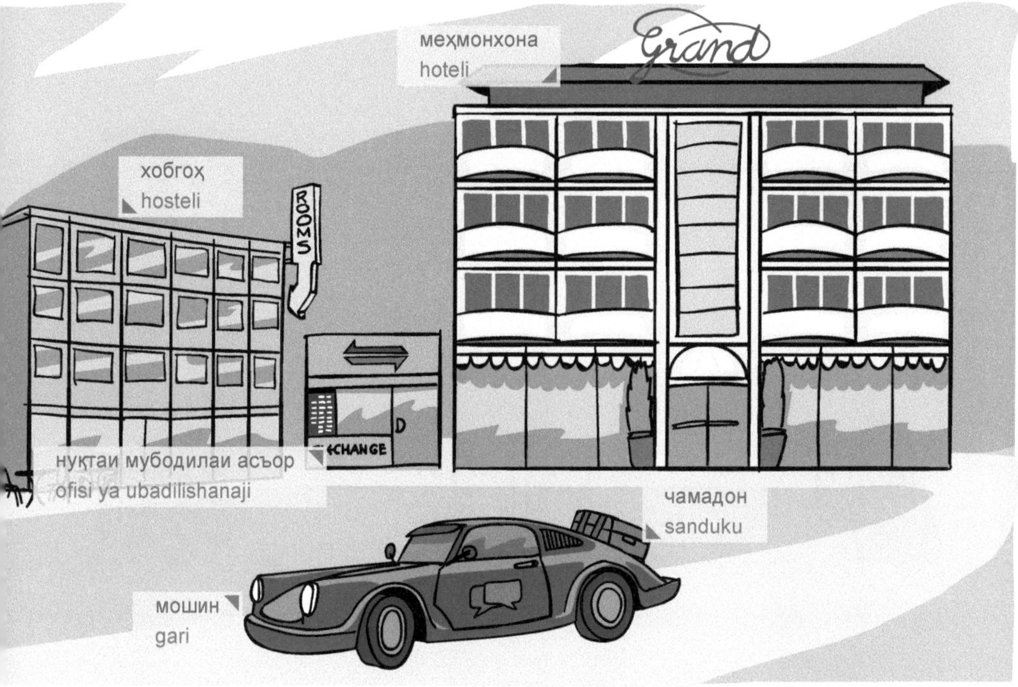

забон

lugha

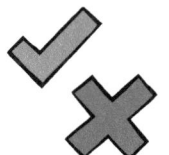

ҳа / не

ndiyo / la

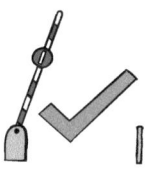

Хуб

sawa

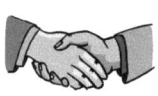

Ассалому алейкум

hujambo

тарҷумон

mtafsiri

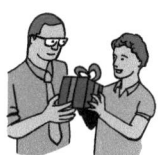

Раҳмат

Asante

чӣ қадар аст ...?

kiasi gani ni ...?

Ман намефаҳмам

Sielewi

проблема

tatizo

шаб ба хайр!

Jioni njema!

субҳ ба хайр

Habari za asubuhi!

шаби хуш

Usiku mwema!

хайр

kwa heri

равона

mwelekeo

бағоҷ

mizigo

ҷузвдон

mfuko

борхалта

shanta

меҳмон

mgeni

хона

chumba

хобхалта

begi la kulalia

хайма

hema

маълумоти сайёхӣ

taarifa ya utalii

сохил

ufuo

корти кредитӣ

kadi

нахорӣ

kifunguakinywa

хӯроки пешин

chakula cha mchana

хӯроки шом

chakula cha jioni

чипта

tiketi

лифт

kuinua

марка

muhuri

сархад

mpaka

Гумрук

mila

сафорат

ubalozi

раводид

visa

шиноснома

pasipoti

нақлиёт

usafiri

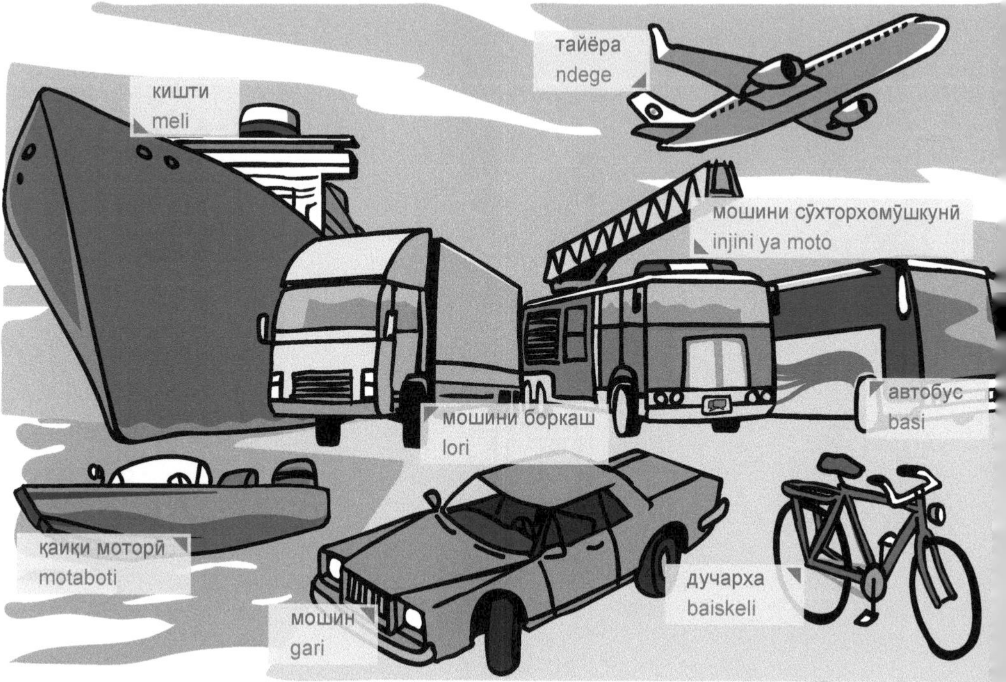
тайёра
ndege
кишти
meli
мошини сӯхторхомӯшкунӣ
injini ya moto
автобус
basi
мошини боркаш
lori
қаиқи моторӣ
motaboti
дучарха
baiskeli
мошин
gari

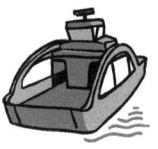

паром

feri

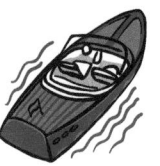

қаиқ

mashua

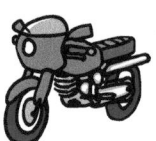

мотосикл

pikipiki

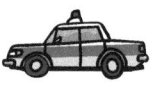

мошини полис

gari la polisi

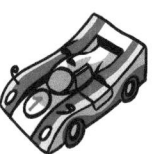

мошини тезрави пойгаи

gari la mashindano

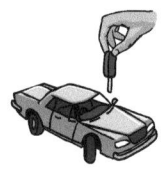

кирояи мошинҳо

gari la kukodisha

ҳамроҳ истифодабарии
мошин

kushiriki gari

эвакуатор

lori la kuvuta

павтовҷамъкунӣ

ukusanyaji taka

муҳаррик

motor

сӯзишворӣ

mafuta

нуқтаи фурӯши сӯзишворӣ

kituo cha mafuta

аломати роҳ

ishara trafiki

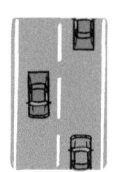

ҳаракат

trafiki

бандшавии ҳаракати роҳ

msongamano

ҷои исти мошинҳо

maegesho

истгоҳи роҳи оҳан

kituo cha treni

роҳи оҳан

reli

қатора

garimoshi

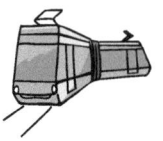

тамвай

tremu

вагон

gari la mizigo

чархбол

helikopta

фурудгоҳ

uwanja wa ndege

манора

mnara

мусофир

abiria

контейнер

chombo

щутии картонй

katoni

ароба

mkokoteni

сабад

kikapu

гирифтан / замин

ondoka

шаҳр

jiji

деҳа

kijiji

маркази шаҳр

katikati ya jiji

хона

nyumba

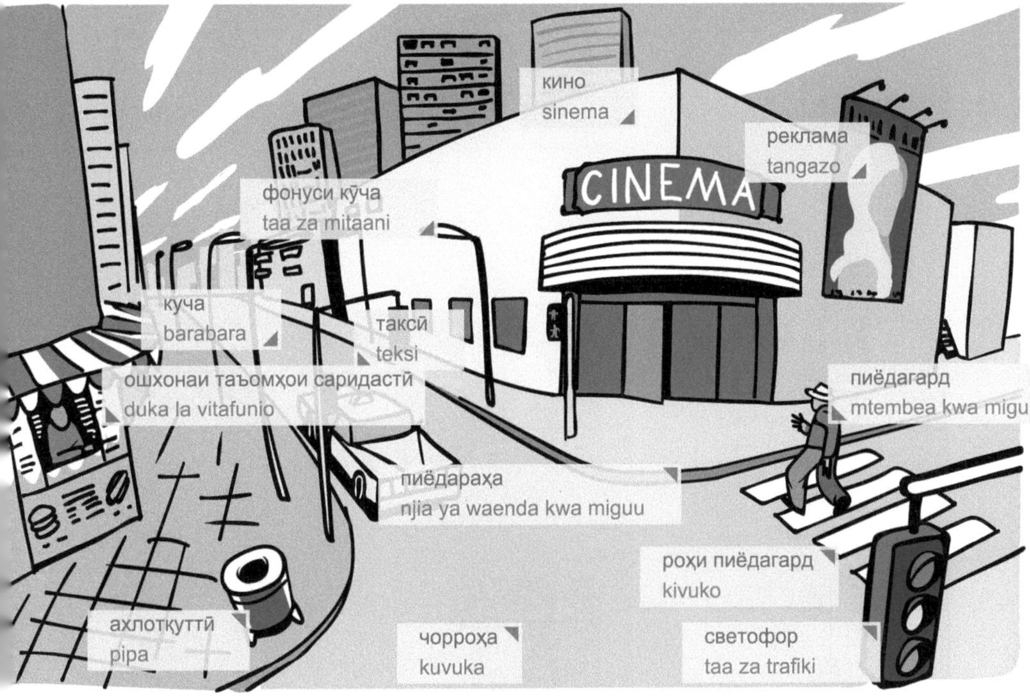

кино
sinema
реклама
tangazo
CINEMA
фонуси кӯча
taa za mitaani
куча
barabara
таксӣ
teksi
ошхонаи таъомҳои саридастӣ
duka la vitafunio
пиёдагард
mtembea kwa migu
пиёдараҳа
njia ya waenda kwa miguu
роҳи пиёдагард
kivuko
ахлотқуттӣ
pipa
чорроҳа
kuvuka
светофор
taa za trafiki

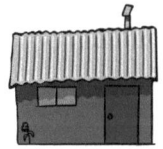

кулба

kibanda

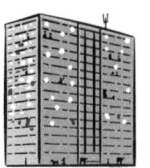

ҳамвор

gorofa

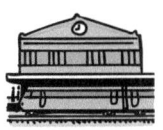

истгоҳи роҳи оҳан

kituo cha treni

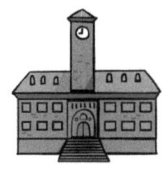

инои маъмурияти шаҳр

ukumbi wa mji

MUSEUM

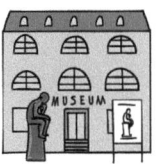

осорхона

Makavazi

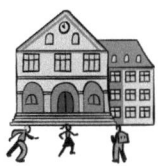

мактаб

shule

донишгоҳ

chuo kikuu

бонк

benki

бемористон

hospitali

меҳмонхона

hoteli

доухона

duka la dawa

идора

ofisi

сехи китоб

duka la kitabu

сехи

duka

мағозаи гулфурӯшй

duka la maua

супермаркет

dukakuu

бозор

soko

универмаг

idara ya kuhifadhi

мағозаи моҳифурӯшй

mwuza samaki

маркази савдо

kituo cha ununuzi

бандар

bandari

парк
Hifadhi

бонк
benki

пул
daraja

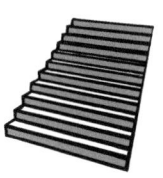

зинапоя
vidato

метро
chini ya ardhi

нақби
handaki

истгоҳи автобус
kituo cha mabasi

бар
bar

тарабхона
mgahawa

қуттии почта
sanduku la posta

аломати номи кӯчаҳо
ishara ya barabara

ҳисобкунаки исти мошинҳо
mita ya maegesho

боғи ҳайвонот
bustani ya wanyama

ҳавзи шиноварӣ
kidimbwi cha kuogelea

масҷид
msikiti

ферма

shamba

ифлоскунӣ

uchafuzi

қабристон

makaburini

калисо

kanisa

майдончаи бозӣ

uwanja wa michezo

маъбад

hekalu

ландшафт
mazingira

барг
jani

аломати роҳнамо
ishara ya mwelekeo

роҳ
njia

алафзор
malisho

санг
jiwe

дарахт
mti

сайёҳ
mtembeaji wa masafa

дарё
mto

алаф
nyasi

гул
ua

води
bonde

кӯҳ
kilima

кул
ziwa

беша
msitu

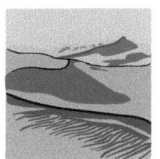

биёбон
jangwa

вулкан
volkano

қалъа
ngome

рангинкамон
upinde wa mvua

занбӯруғ
uyoga

дарати нахл
mtende

хомӯшак
mbu

паридан
kuruka

мурча
chungu

занбур
nyuki

тортанак
buibui

гамбӯсак

mende

қурбоққа

chura

санчоб

kuchakuro

хорпушт

nungunungu

харгӯш

sungura

бум

bundi

парранда

ndege

мурғи қу

swan

хуки ваҳшй

nguruwe mwitu

оҳу

kulungu

гавазн

aina ya kongoni

сарбанд

bwawa

турбина шамол

tabo ya upepo

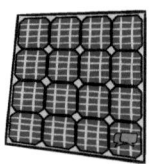

панел офтобй

nishaji ya jua

иқлим

hali ya hewa

тарабхона
mgahawa

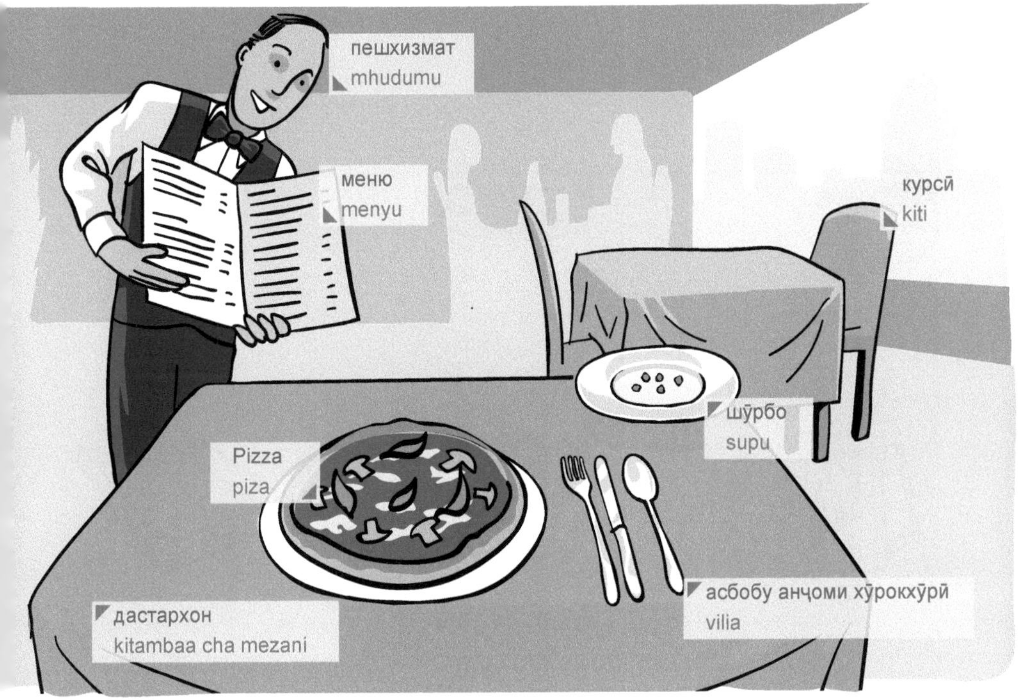
пешхизмат
mhudumu
меню
menyu
курсӣ
kiti
шӯрбо
supu
Pizza
piza
асбобу анҷоми хӯрокхӯрӣ
vilia
дастархон
kitambaa cha mezani

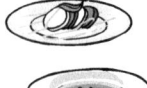

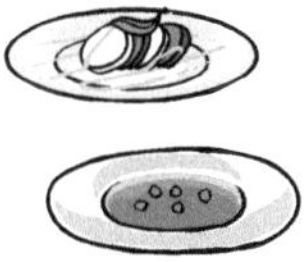

стартер/корандоз

kiamsha hamu

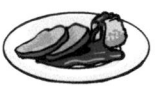

хӯроки асосӣ

kozi kuu

десерт

kitindamlo

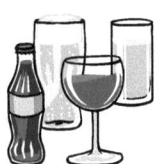

нӯшокиҳои

vinywaji

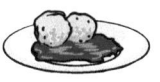

таъом

chakula

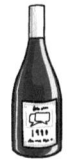

шиша

chupa

Хӯроки Тез Таёр мешуда

chakula cha haraka

хӯроки кӯчагӣ

Streetfood

чойник

buli

шакардон

kisanduku cha sukari

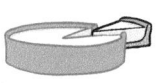

қисм/порча

sehemu

мошини espresso

mashine ya espresso

курсии кӯдакона

kiti kirefu

ҳисоб

muswada

зарфмонак

trei

корд

kisu

чангол

uma

қошуқ

kijiko

қошуқча

kijiko cha chai

сачоқи қоғазӣ

nepi

истакон

glasi

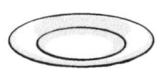

табақча

sahani

косача

sahani ya supu

тақсимча

sufuria

соус

mchuzi

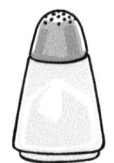

намакдон

kichanyaji chumvi

мурчдон

kinu cha pilipili

сирко

siki

равғани растанӣ

mafuta

приправа

viungo

кетчуп

kechapu

хардал

haradali

майонез

kachumbari nzito

супермаркет
dukakuu

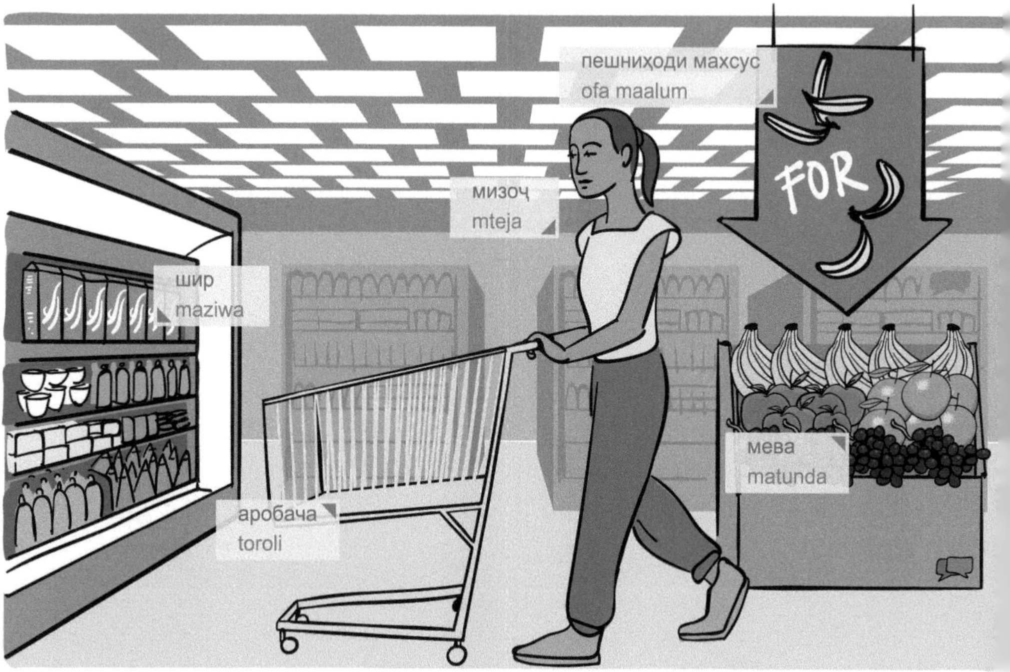

пешниҳоди махсус
ofa maalum
FOR
мизоҷ
mteja
шир
maziwa
мева
matunda
аробача
toroli

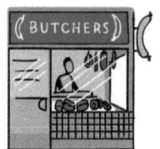

BUTCHERS

дукони гӯштфурӯшӣ
mchinjaji

BAKERY

дукони нонфурӯшӣ
mwokaji

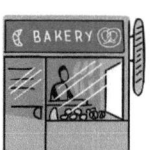

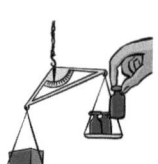

баркашидан
uzito

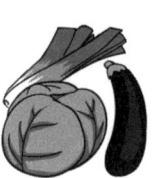

сабзавот
mboga

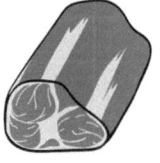

гӯшт
nyama

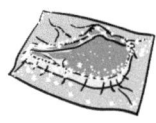

хӯроки яхбаста
chakula waliohifadhiwa

лимҳои борик буридаи
гушт

pande vya nyama baridi

озуќаворї
консервонидашуда

chakula cha kopo

хокаи либосшӯй

sabuni ya unga

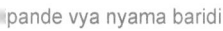

ширинй

pipi

асбоби рӯзгор

bidhaa za kaya

воситаҳои тозакунанда

bidhaa za kusafisha

фурӯшанда

mtu mauzo

касса

mpaka

кассир

keshia

рӯихати харидкунй

orodha ya manunuzi

соат ифтитоҳи

masaa ya ufunguzi

ҳамён

mkoba

корти кредитй

kadi

ҷуздо

mfuko

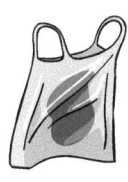

пакет

mfuko wa plastiki

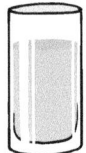

об

maji

шарбат

sharubati

шир

maziwa

кола

coke

шароб

mvinyo

оби ҷав

bia

машрубот

pombe

какао

kakao

чой

chai

қаҳва

kahawa

эспрессо

spreso

каппучино

kapuchino

банан

ndizi

себ

tufaha

норанҷӣ

machungwa

харбуза

tikiti

лимӯ

lemon

сабзӣ

karoti

сир

kitunguu saumu

бамбук

mianzi

пиёз

kitunguu

занбӯруғ

uyoga

чормағз

karanga

угро

nudo

спагеттй

spageti

биринҷ

mpunga

салат

saladi

картошкаи қоқак

vibanzi

картошкабирён

viazi vya kukaanga

Pizza

piza

гамбургер

hambaga

бутерброд

sandwichi

шнитсел

kipande

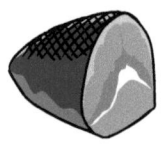

гӯшти намакардаи хук

paja la mnyama

ҳасиби салямй

salami

ҳасиб

soseji

мурғ

kuku

кабоб

choma

моҳй

samaki

ярмаи чав

oats ya uji

омехтаи ғалладонагӣ

muesli

ярмаи чуворимакка

cornflakes

орд

unga

кулчақанд

kroisanti

кулчақанд

andazi

нон

mkate

як порча нони бирён

mkate wa kubanika

кулчачаҳои қандин

biskuti

маска

siagi

творог

maziwa mgando

пирог

keki

тухм

yai

тухм бирён

yai kukaanga

панир

jibini

яхмос

aiskrimu

шакар

sukari

асал

asali

мураббо

jemu

хамираи ҳалво

kuenea kwa chokoleti

Curry

mchuzi wa viungo

ферма
shamba

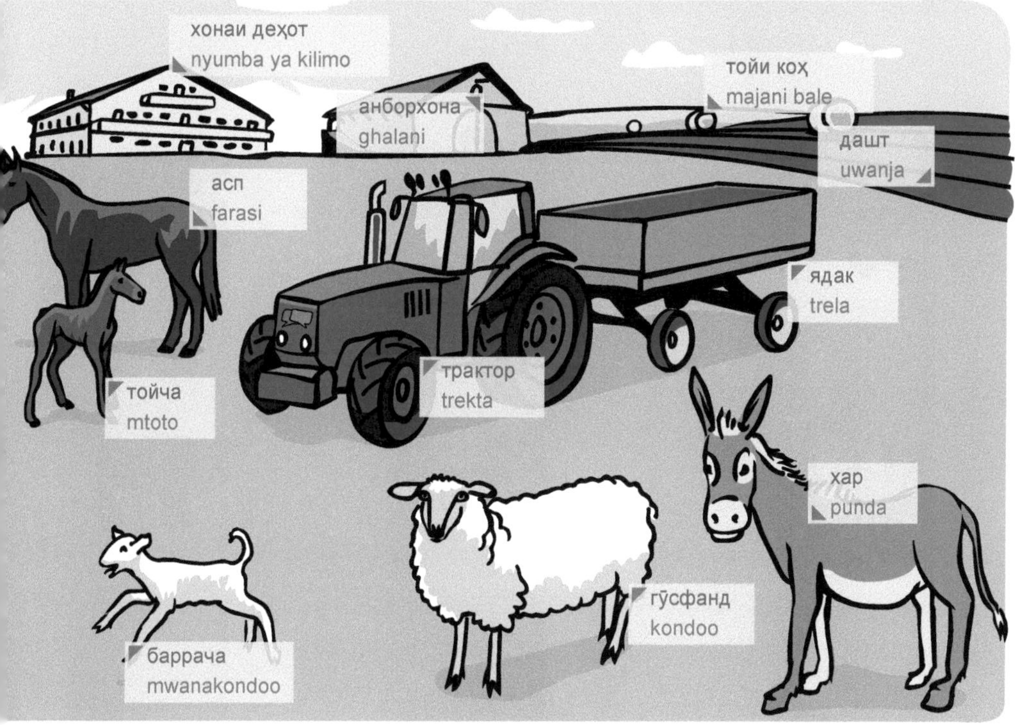

хонаи деҳот
nyumba ya kilimo
анборхона
ghalani
тойи коҳ
majani bale
дашт
uwanja
асп
farasi
ядак
trela
трактор
trekta
тойча
mtoto
хар
punda
гӯсфанд
kondoo
баррача
mwanakondoo

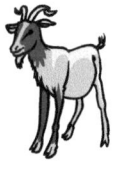

буз

mbuzi

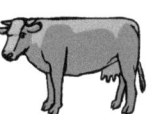

гов

ng'ombe

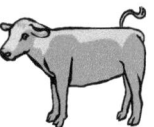

гӯсола

ndama

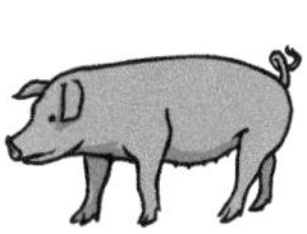

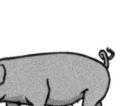

хук

nguruwe

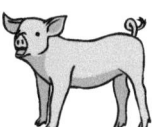

хукча

mwananguruwe

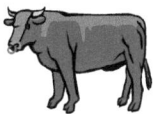

буққа

fahali

қоз

batabukini

мурғобӣ

bata

чӯҷа

kifaranga

мурғ

kuku

хурӯс

jogoo

каламуш

panya

гурба

paka

муш

panya

барзагов

ng'ombe

саг

mbwa

хоначаи саг

nyumba ya mbwa

рӯдаи резинӣ

bomba la bustani

камобӣ метавонад

debe la kumwagilia maji

дос

fyekeo

сипори шудгоркунии замин

kulima

доси

mundu

каланд

jembe

панчшоха

uma wa nyasi

табар

shoka

ароба

toroli

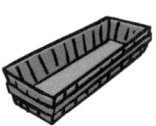

охур

kupitia nyimbo

зарфи ширгирӣ

chombo cha maziwa

халта

gunia

девор

ua

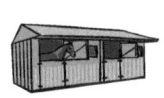

мӯътадил

imara

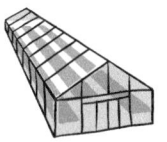

гармхона

chafu

хок

udongo

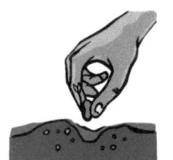

тухмӣ

mbegu

нуриҳо

mbolea

комбайни ғаллағундорӣ

kivunaji

ҳосил

mavuno

ҳосил

mavuno

yams

viazi vikuu

гандум

ngano

лубиж

soya

картошка

viazi

ҷуворӣ

mahindi

донаи маъсар

rapa

дарахти мева

mti wa matunda

manioc

muhogo

ғалладона

nafaka

хона

nyumba

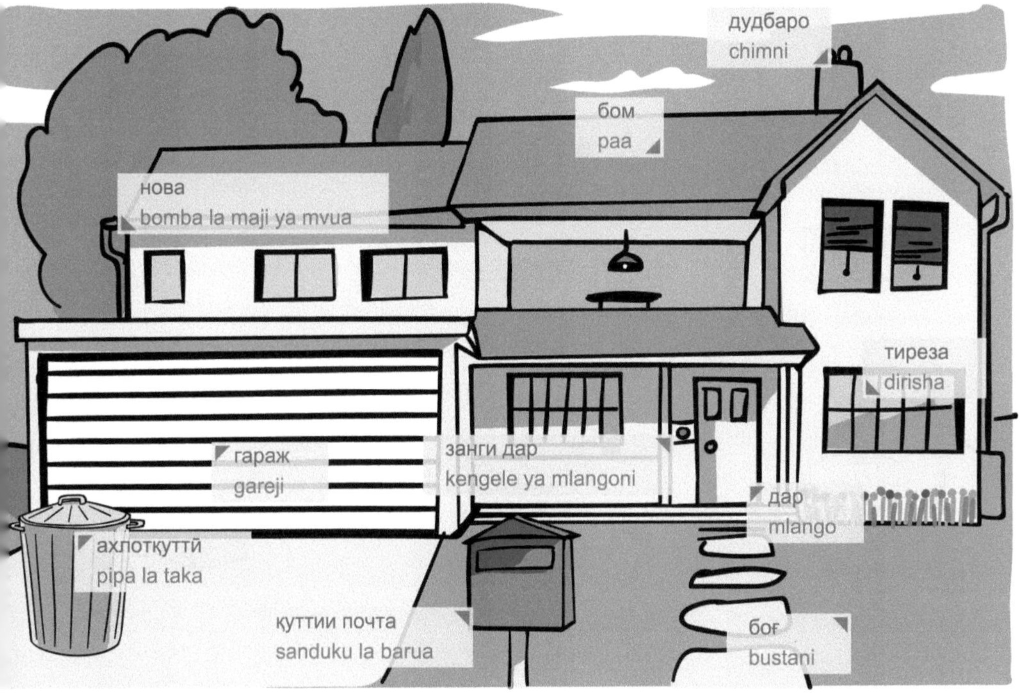
дудбаро
chimni
бом
paa
нова
bomba la maji ya mvua
тиреза
dirisha
гараж
gareji
занги дар
kengele ya mlangoni
дар
mlango
ахлотқуттӣ
pipa la taka
қуттии почта
sanduku la barua
боғ
bustani

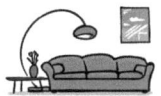

мехмонхона

sebuleni

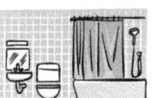

ҳамом

bafu

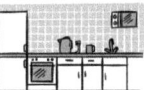

ошхона

jikoni

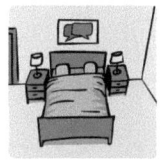

хонаи хоб

chumba cha kulala

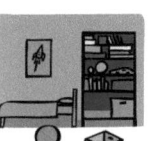

ҳуҷраи кӯдакона

chumba ya mtoto

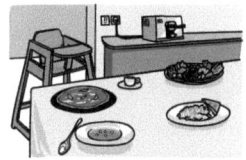

ошхона

chumba cha kulia

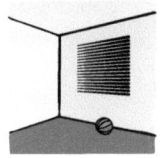

ошёна

sakafu

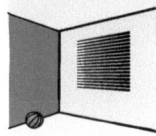

девор

ukuta

шифт

dari

тагзаминй

pishi

сауна

sauna

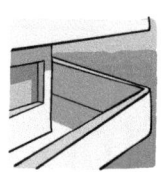

балкон

roshani

суфача

mtaro

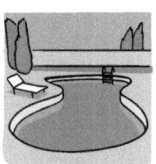

ҳавз

kidimbwi

мошини алафдарав

mashine ya kukata nyasi

варақ

karatasi

кампал

kitambaa cha kupamba
kitanda

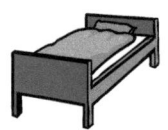

кат

kitanda

ҷорӯб

ufagio

сатил

ndoo

калид

kubadili

мехмонхона
sebuleni

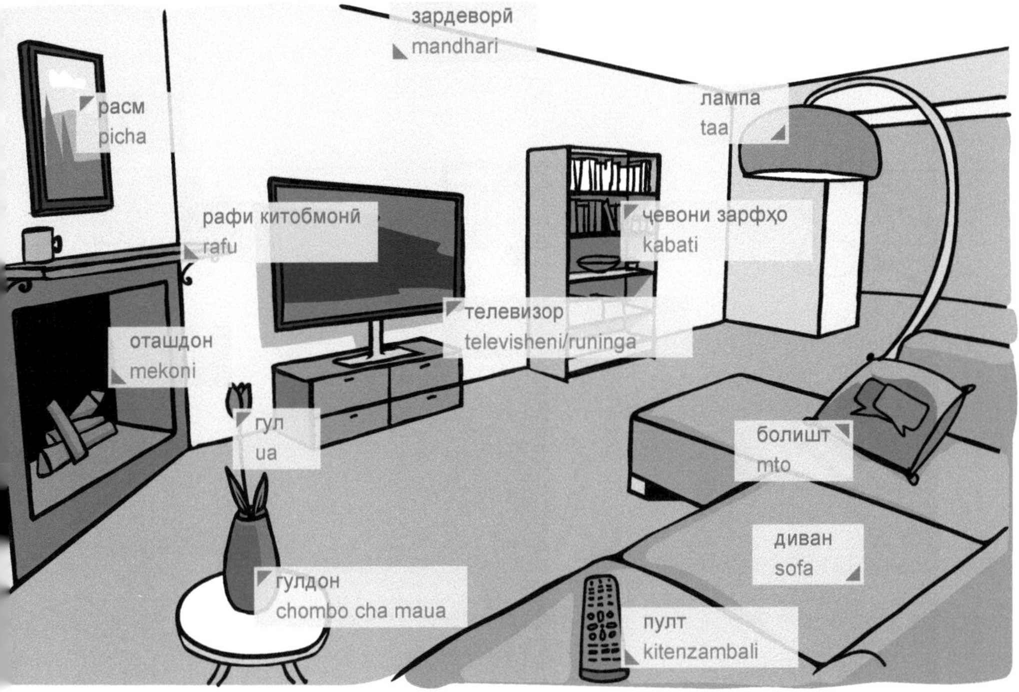

зардеворӣ
mandhari
расм
picha
лампа
taa
рафи китобмонӣ
rafu
ҷевони зарфҳо
kabati
телевизор
televisheni/runinga
оташдон
mekoni
гул
ua
болишт
mto
диван
sofa
гулдон
chombo cha maua
пулт
kitenzambali

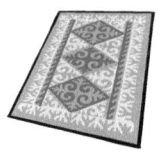

қолин

zulia

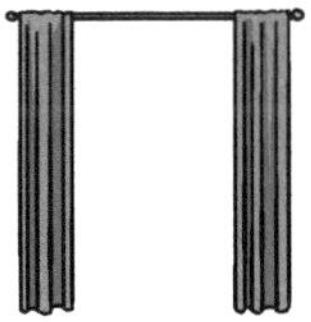

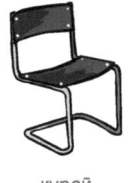

парда

pazia

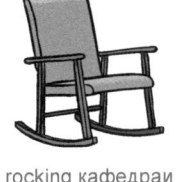

мизи

meza

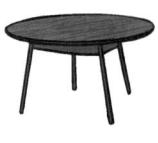

курсӣ

kiti

rocking кафедраи

kiti cha bembea

курсӣ

armchair

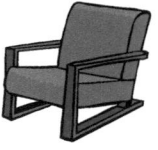

китоб
kitabu

курпа
blanketi

ороиш
mapambo

ҳезум
kuni

филм
filamu

дастгоҳи hi-fi
kifaa cha hi-fi

калид
ufunguo

рӯзнома
gazeti

расм
uchoraji

эълон
bango

радио
redio

китобчаи қайдҳо
daftari

чангкашак
kifyonza

кактус
dungusi kakati

шам
mshumaa

ошхона
jikoni

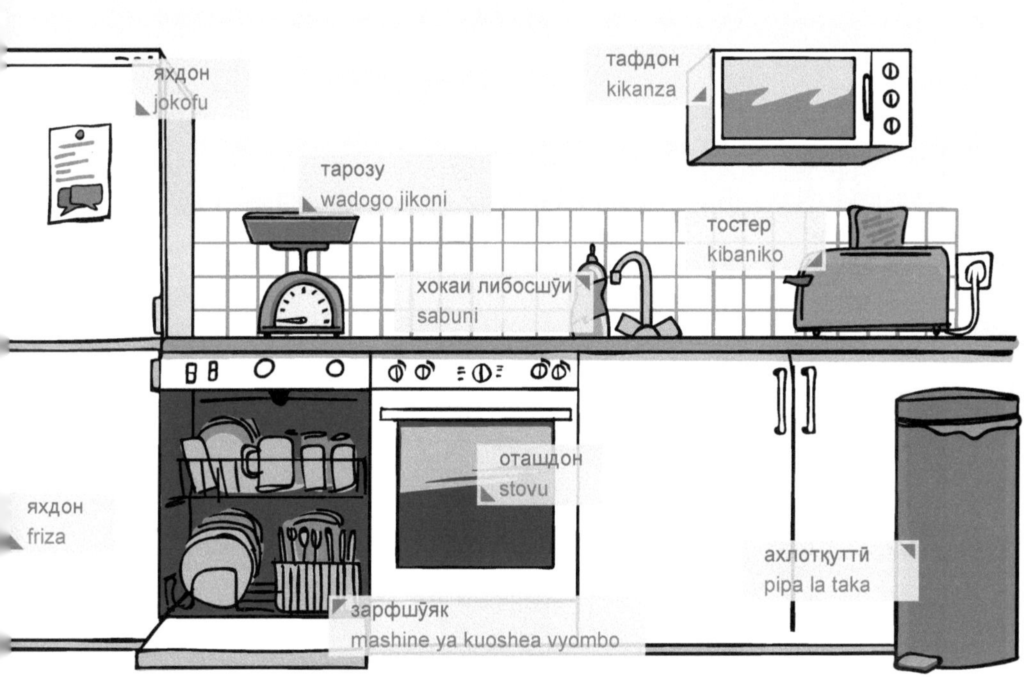

яхдон
jokofu
тафдон
kikanza
тарозу
wadogo jikoni
тостер
kibaniko
хокаи либосшӯи
sabuni
отащдон
stovu
яхдон
friza
ахлотқуттӣ
pipa la taka
зарфшӯяк
mashine ya kuoshea vyombo

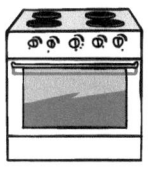

плита

jiko la kupika

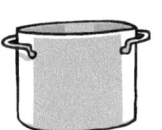

тубак

chungu

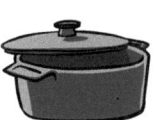

дег

sufuria ya chuma

дег / кадй

wok / kadai

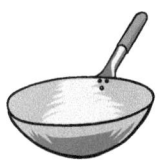

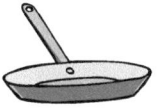

тоба

kaango

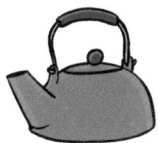

чойник

birika

steamer

stima

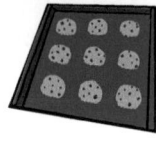

лист

sinia ya kuoka

зарф

vyombo vya udongo

кружка

kombe

коса

bakuli

чубаки хурокхӯрй

vijiti vya kulia

кафлези

ukawa

кафлези ҳамвор

mwiko mpana

whisk

burashi

strainer

kichujio

элак

chujio

турбтарошак

mbuzi

миномет

chokaa

Кабоб Кардан

barbeque

оташ кушод

moto wazi

тахтаи резакунӣ

ubao wa majaribio

чӯба

kijiti cha kusukuma unga

пӯккашак

kizibuo

банка

kopo

консервокушояк

inaweza kopo

дастак

kishikio cha chungu

дастшӯяк

karo

чӯтка

brashi

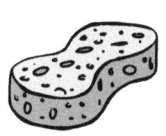

исфанч

sifongo

блендер

kisagaji matunda

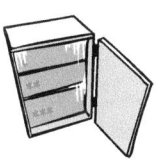

сармодон

friji ya kina

шишача

chupa ya mtoto

чумак

bomba

ҳамом

bafu

гармидиҳӣ
joto
душ
mfereji wa kuogea
сачоқ
taulo
пардаи душ
pazia la kuogea
ваннаи кафкдор
maji ya kuoga yenye povu
ванна
hodhi
истакон
glasi
мошини ҷомашӯӣ
mashine ya kuosha
чумак
bomba
фарши кошинкорӣ
vigae
тубак
poti
дастшӯяк
karo

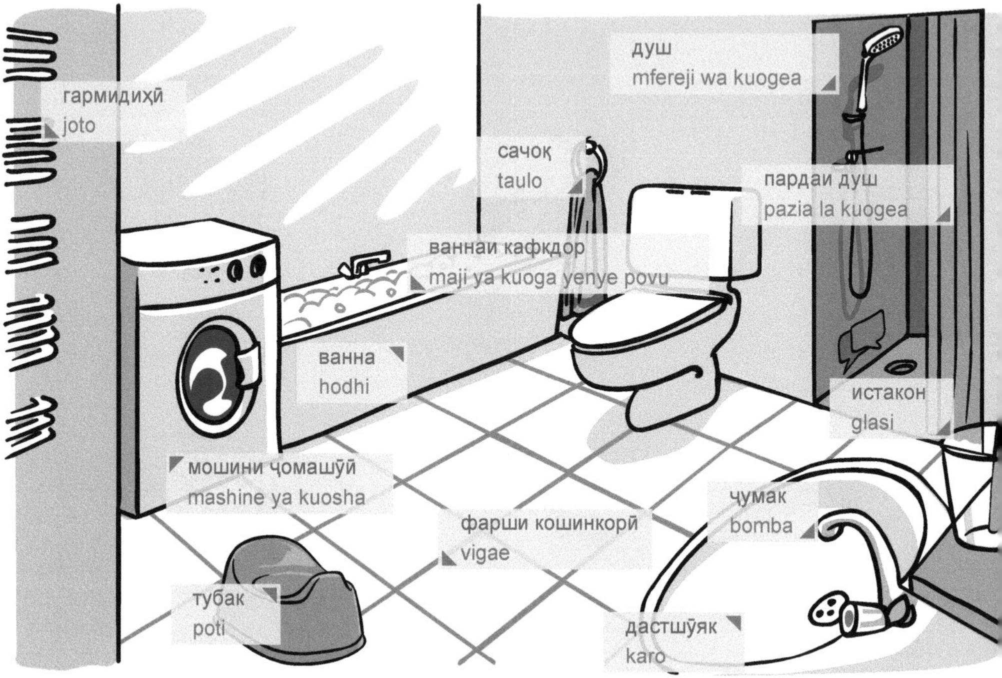

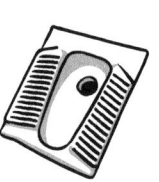

ҳоҷатхона

choo

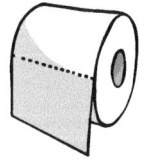

нишастгоҳи халоҷои рӯйфаршӣ

choo cha squat

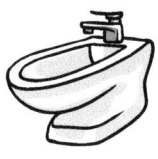

биде

beseni la mviringo

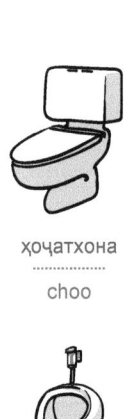

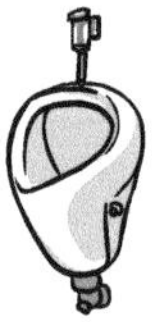

ҳоҷатхонаи мардона

choo cha umma

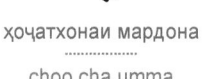

коғази ташноб

shashi

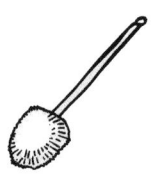

чӯткаи ҳоҷатхона

brashi ya choo

дандоншӯяк

mswaki

хамираи дандоншӯи

dawa ya meno

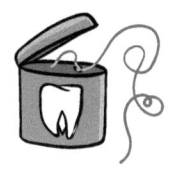

риштаи дандонтозакунӣ

dawa ya meno

шӯстан

safisha

души дастӣ

kuoga mkono

обшӯй

msukumo wa maji

ҳавза

bonde

шона кардани мӯй

mpako wa pili

собун

sabuni

гел барои душ

jeli ya kuogea

шампун

shampuu

бумазӣ

flana

заҳкаш

toa maji

крем

krimu

дезодорант

kiondoa harufu

ҳамом - bafu

оина

kioo

оинаи дастӣ

kioo mkono

риштарошаки барқи

kinyozi

кафк барои риштарошӣ

povu la kunyoa

оби мушкини баъди риштарошӣ

baada ya kunyoa

шона

kichana

чӯтка

brashi

мӯйхушкунак

kikausha nywele

лак барои мӯй

marashi ya nyewele

косметика

vipodozi

лабсурхкунак

kidomwa

лок барои нохун

varnish ya msumari

пахта

pamba

қайчии нохунгирӣ

mkasi wa kucha

атриёт

manukato

ҷузвдони косметики

mkoba wa kuosha

қазои ҳоҷат

kinyesi

тарозу

mizani

хилъат

nguo ya kuoga

дастпӯшак резина

glavu za mpira

тампон

kisodo

дастмоли санитарӣ

sodo

био-ҳоҷатхона

kemikali choo

ҳуҷраи кӯдакона
chumba ya mtoto

соати рӯимизии зангдор
saa ya kengele
бозичаи мулоим
kidoli cha kupakata
мошини бозича
gari bandia
тиқ-тиқ кардан
kelele
хоначаи бозичагӣ
chumba cha midoli
ҳузур
sasa

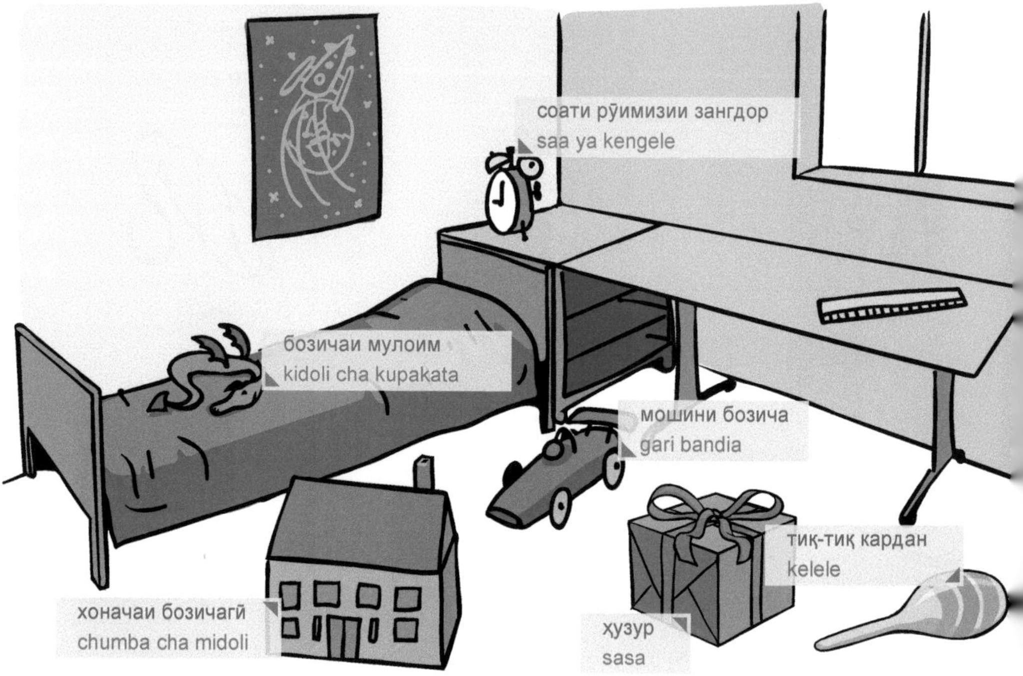

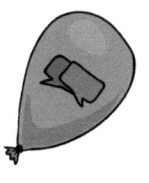

пуфак

baluni

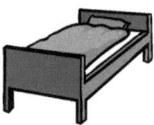

кат

kitanda

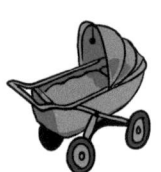

аробочаи кудакона

mashua

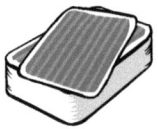

маҷмӯи кортҳо

staha ya kadi

бозии муамоёбӣ

mchezo-fumb

SUPER MEGA

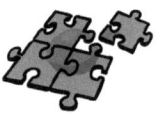

комикс

vichekesho

хиштҳои лего

matofali lego

мағозаи бозичафурӯхтан

vitalu mwigo

рақам амал

hatua takwimu

либоси ғаваккашӣ

suti ya kulalia

фрисби

kisahani

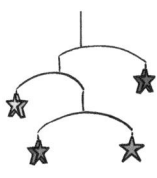

мобилӣ

simu

лавҳачаи бозӣ

ubao wa michezo

кубик

kete

маҷмӯи модели қатора

garimoshi mwigo

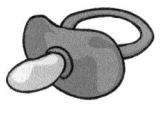

пистонак

dummy

ҳизб

chama

китоби расм

picha kitabu

тӯб

mpira

лӯхтак

kikaragosi

бози кардан

kucheza

куттии рег

shimo la mchanga

арғунчак

bembea

бозича

vitu bandia

консоли бозиҳои видеой

kiweko cha video ya mchezo

велосипеди сечарха

baiskeli ya magurudumu

хирсаки бахмалии патдор

mwanasesere

matatu

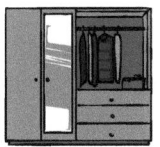

чевон

kabati

либос

nguo

чуроб

soksi

чуроби соқбаланд

stokingi

колготки

kibano

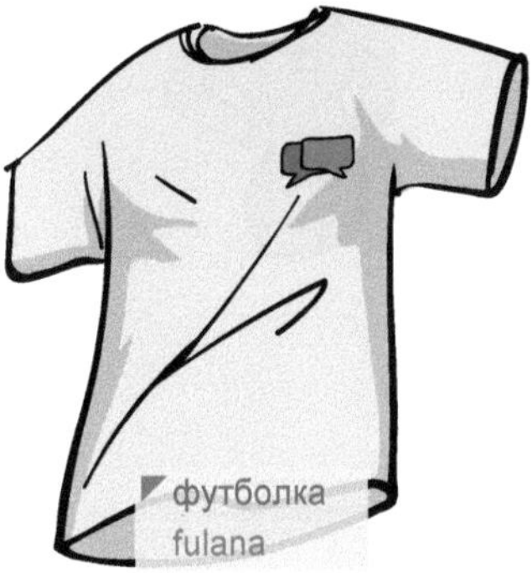

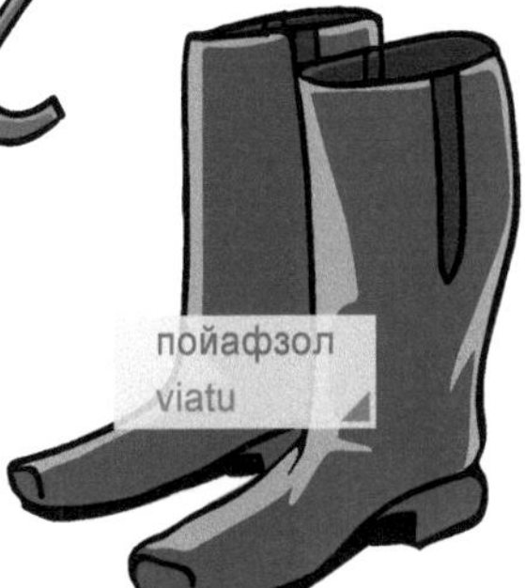

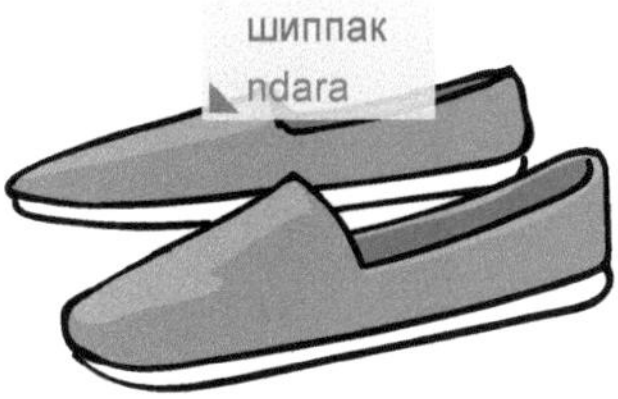

гарданпеч
skafu

тасма
ukanda

чатр
mwavuli

футболка
fulana

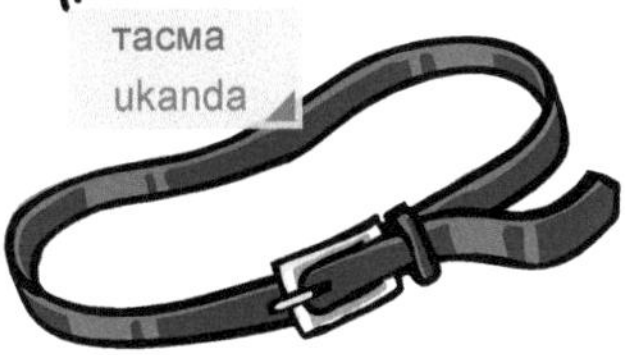

кроссовки
wakufunzi

пойафзол
viatu

шиппак
ndara

босоножкӣ
malapa

пойафзол
viatu

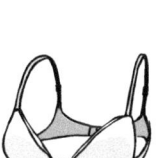

музаи резинӣ
mabuti ya mpira

турсӣ
suruali ya ndani

синабанд
sidiria

майка
fulana

либос - nguo

45

бадан
mwili

шим
suruali

ҷинс
dangirizi

юбка
sketi

куртаи нимтаи занона
blauzi

курта
shati

свитер
vuta

свитер
sweta

пиҷак
bleza

нимтана
jaketi

палто
koti

плаш
koti la mvua

костюм
maleba

куртаи занона
gauni

либос тӯйи
mavazi ya harusi

костюм

suti

куртаи хоб

vazi la usiku

пижама

pajama

Сари

sari

рӯймол

skafu

салла

kilemba

ниқобу

burka

кафтан

kaftan

абая

abaya

либоси обозӣ

vazi la kuogelea

эзорчаи шиноварии мардона

vazi la kiume la kuogelea

шорти

kaptura

либоси варзишӣ

teitei

пешбанд

aproni

дастпӯшак

glavu

тугма

kifungo

айнак

glasi

дастпона

bangili

гарданбанд

mkufu

ангуштарин

pete

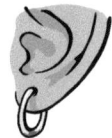

гӯшвора

herini

кулоҳ

kofia

либосовезак

kiango cha koti

кулоҳ

kofia

галстук

tai

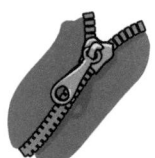

занҷирак

zipu

тоскулоҳ

kofia

шимбардор

kanda za suruali

либоси мактабӣ

sare za shule

либоси

sare

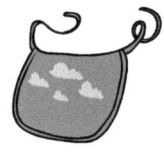

пешгир

bibu

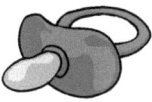

пистонак

dummy

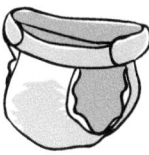

подгузник

nepi

идора

ofisi

сервер
seva
чевони ҳуҷҷатмонӣ
kabati la kuweka faili
принтер
kichapishaji
коғаз
karatasi
монитор
kiwambo
мушак
kipanya
мизи хатнависӣ
dawati
ҷузъгир
folda
клавиатура
kibodi
и партофҳои коғазӣ
cha kuweka karatasi chafu
копютер
kompyuta
курсӣ
kiti

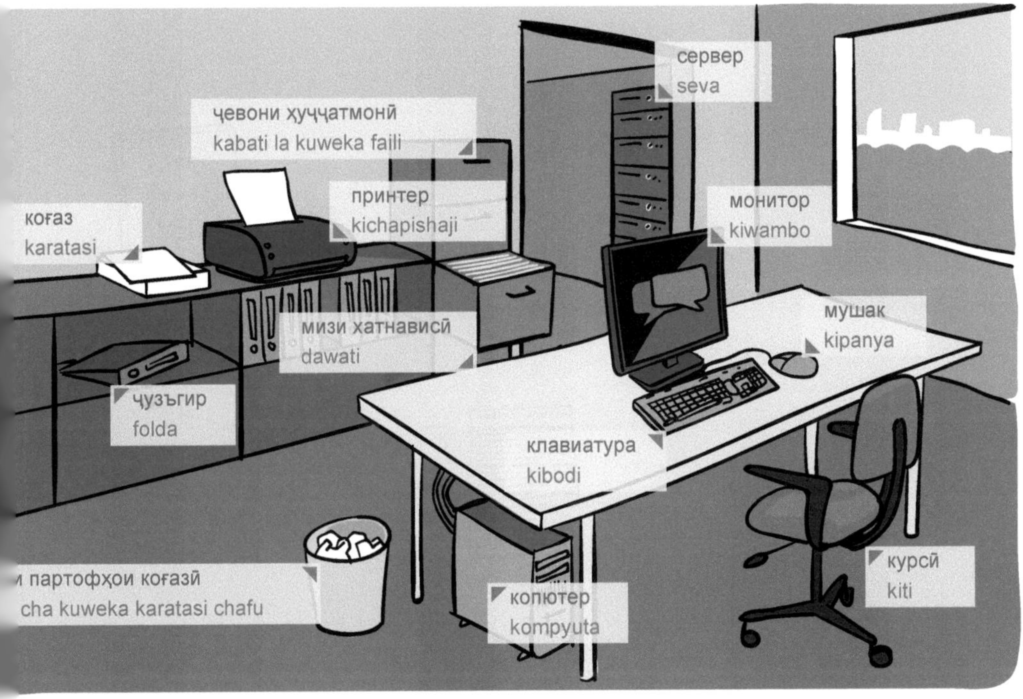

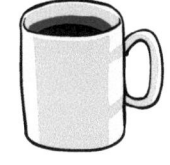

кружкаи қаҳванӯшӣ

kmobe la kahawa

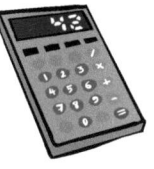

калкулятор

kikokotoo

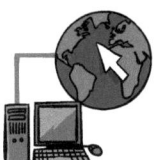

интернет

biashara

ноутбук

mbali

мактуб

barua

хабар

ujumbe

телефони мобилӣ

rununu

шабака

intaneti

нусхабардор

fotokopia

нармафзор

programu

телефон

simu

розетка

soketi

факс

kipepesi

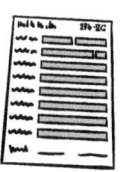

шакл

fomu

ҳуҷҷат

hati

харидан
kununua

пардохт
kulipa

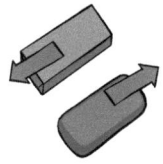

савдо
biashara

пул
fedha

доллар
dola

евро
yuro

йен
yeni

рубл
rouble

франки швейцариягӣ
faranga ya Uswisi

юан
renminbi yuan

рупӣ
rupia

нуқтаи нақд
eneo la kulipia

нуқтаи мубодилаи асъор

ofisi ya ubadilishanaji

тилло

dhahabu

нуқра

fedha

равғани растанй

mafuta

энерги

nishati

нарх

bei

шартнома

mkataba

андоз

kodi

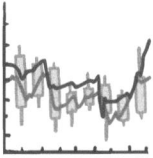

саҳмия

bidhaa

кор

kazi

хизматчй

mfanyakazi

соҳибкор

mwajiri

завод

kiwanda

сехи

duka

корманди полис
afisa wa polisi

сӯхторхомушкун
mzimamoto

ошпаз
mpishi

духтур
daktari

халабон
rubani

боғбон

mtunza bustani

чӯбтарош

seremala

дӯзанда

mshonaji

судя

hakimu

кимиёшинос

mwanakemia

актер

muigizaji

ронандаи автобус

dereva wa basi

таксист

dereva wa teksi

моҳигир

mvuvi

фаррошзан

mwanamke wa kusafisha

устои бомпӯш

mwezekaji

пешхизмат

mhudumu

шикорчӣ

mwindaji

расом

mchoraji

нонвой

mwokaji

барқ

umeme

сохтмончӣ

mjenzi

инженер

mhandisi

қассоб

mchinjaji

устои шабакаи об

fundi bomba

хаткашон

mwanaposta

сарбоз

mwanajeshi

меъмор

msanifu majengo

кассир

keshia

гулфурӯш

muuza maua

сартарош

msusi

кондуктор

kondakta

механик

mekanika

капатан

nahodha

духтури дандон

daktari wa meno

олим

mwanasayansi

хохом

rabbi

имом

imamu

шайх

mtawa

саркоҳин

kasisi

асбобҳо

zana

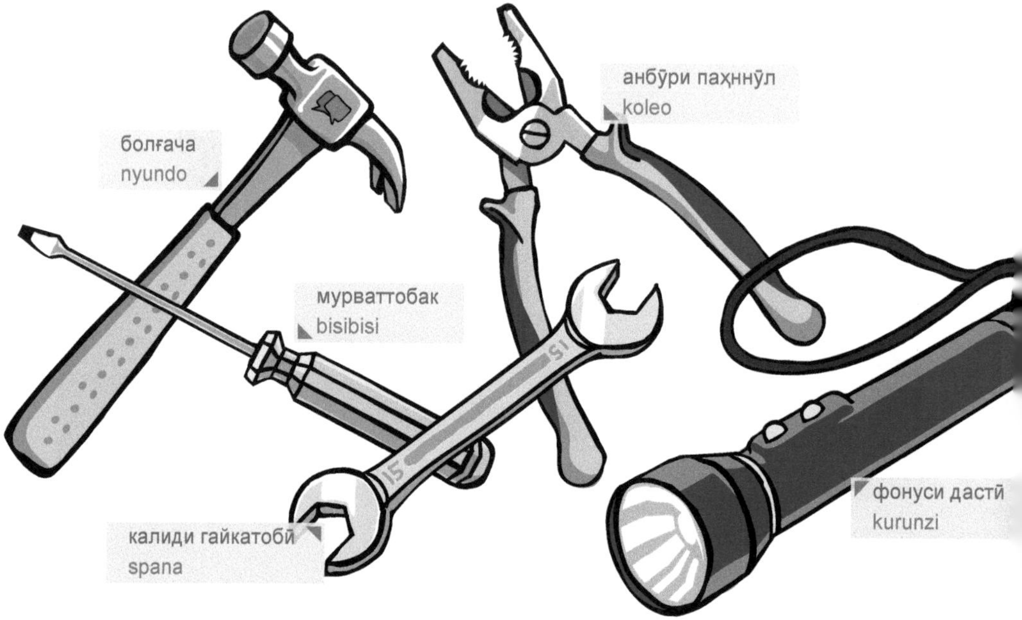

анбӯри паҳннӯл
koleo
болғача
nyundo
мурваттобак
bisibisi
калиди гайкатобӣ
spana
фонуси дастӣ
kurunzi

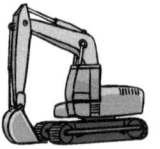

экскаватор

mchimbaji

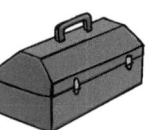

қутии асбобҳо

sanduku la vifaa

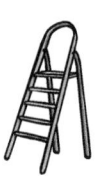

зинапоя

ngazi

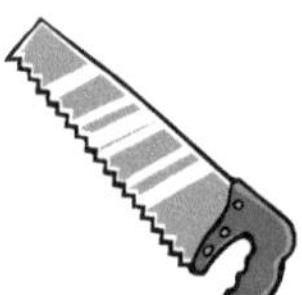

арра

msumeno

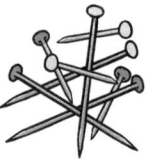

мехҳо

misumari

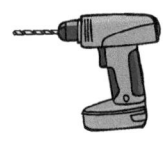

пармаи электрикӣ

kuchimba visima

таъмир

kukarabati

бел

sepetu

Сабил монад!

Lo!

белчаи хокрӯбагирй

kishikio cha uchafu

сатили ранг

chungu cha rangi

мехи печдор

skurubu

асбобҳои мусиқӣ
ala za muziki

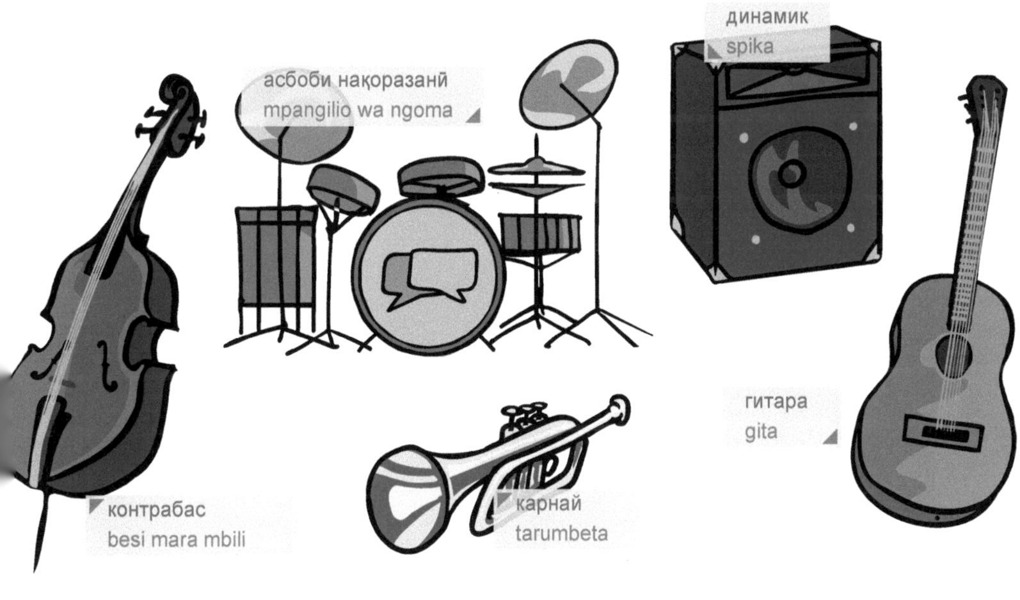

асбоби нақоразанй
mpangilio wa ngoma

динамик
spika

контрабас
besi mara mbili

карнай
tarumbeta

гитара
gita

пианино

piano

ғичҷак

fidla

бас-гитара

ubeji

нақораи поядор

timpani

нақора

ngoma

клавиатура

kibodi

саксофон

saksafoni

най

filimbi

баландгӯяд

maikrofoni

боғи ҳайвонот

bustani ya wanyama

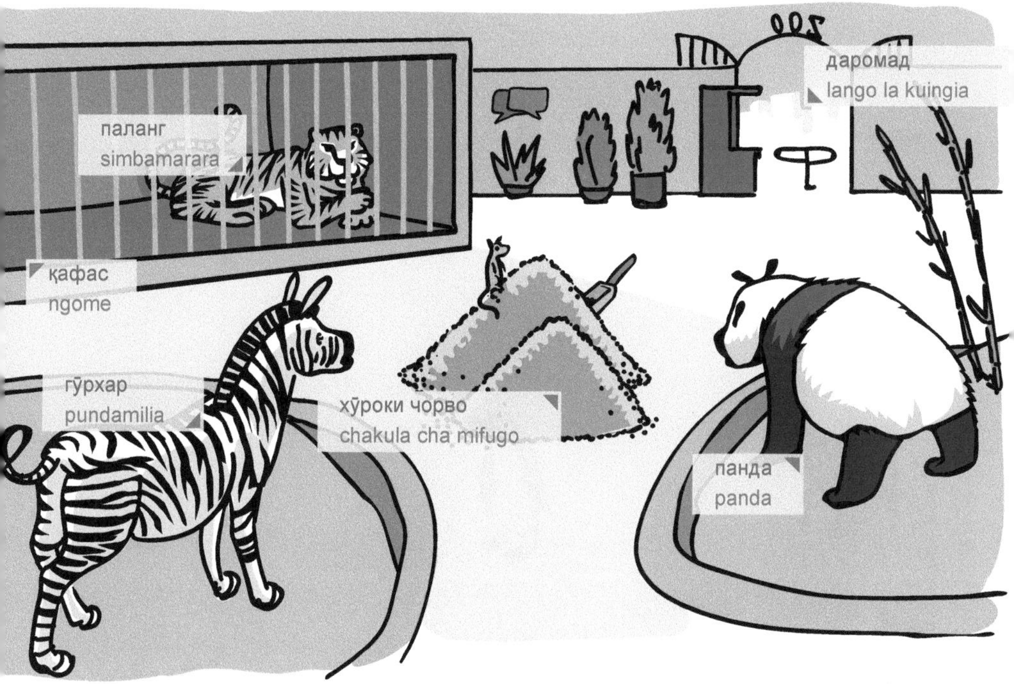

паланг
simbamarara
даромад
lango la kuingia
қафас
ngome
гӯрхар
pundamilia
хӯроки чорво
chakula cha mifugo
панда
panda

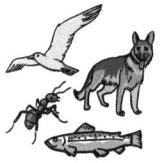

ҳайвонот

wanyama

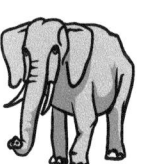

фил

tembo

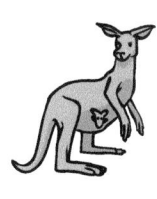

кенгуру

kangaruu

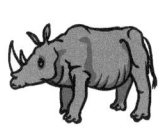

каркадан

kifaru

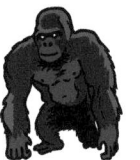

горилла

sokwe

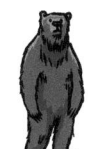

хирси бӯр

dubu

шутур

ngamia

шутурмурғ

mbuni

шер

simba

маймун

tumbili

бутимор

heroe

тӯти

kasuku

хирси сафед

dubu

пингвин

penguini

наҳанг

papa

товус

tausi

мор

nyoka

тимсоҳ

mamba

посбон

mtunza wanyama

сил

muhuri

ягуар

jaguar

аспи кӯтоҳқад

mwanafarasi

леопард

chui

баҳмут

kiboko

заррофа

twiga

уқоб

tai

хуки ваҳшй

nguruwe mwitu

моҳй

samaki

сангпушт

kobe

морж

sili

рӯбоҳ

mbweha

ғизол/оҳу

paa

футболи амрикои
soka ya marekani

велосипедронӣ
uendeshaji baiskeli

теннис
tenisi

баскетбол
mpira wa kikapu

шиноварӣ
kuogelea

бокс
ndondi

хоккей
magongo ya barafuni

футбол
soka

бадмингтон
vinyoya

атлетика
riadha

гандбол
mpira wa mikono

лижаронӣ
skii

тӯббозӣ бо асп
polo

фаъолият
shughuli

ханда
cheka
паридан
kuruka
оғӯш гирифтан
kumbatia
пиёда рафтан
kutembea
шеър хондан
kuimba
орзӯ кардан
ota ndoto
ибодат кардан
kuomba
бӯса кардан
busu

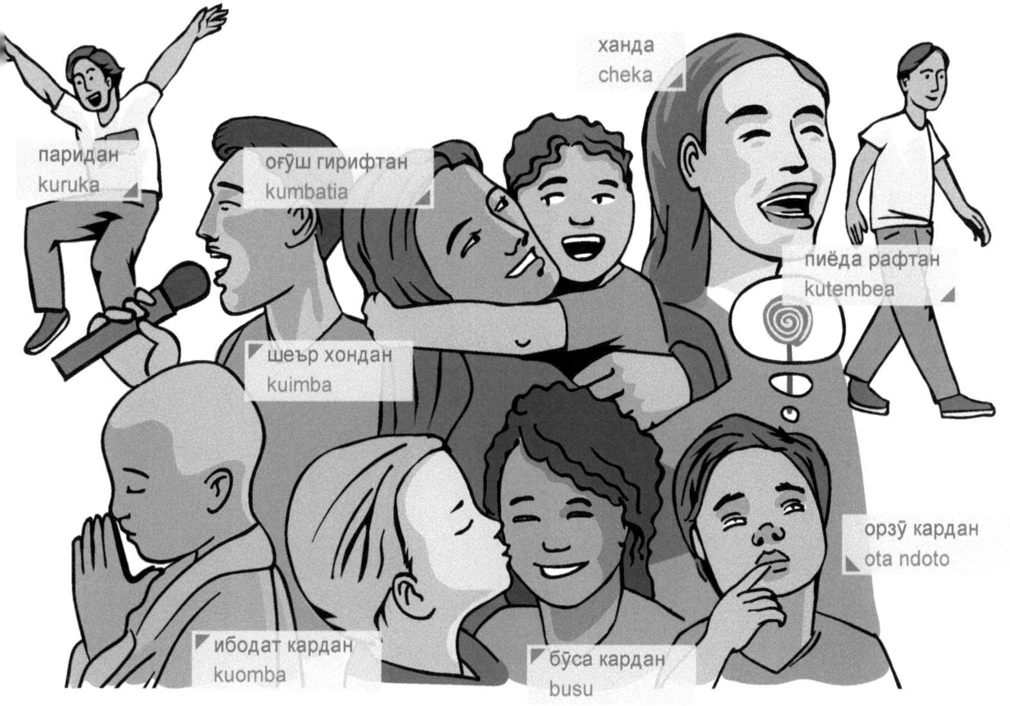

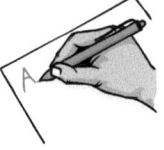

навиштан

kuandika

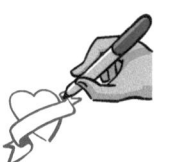

кашидан

kuteka

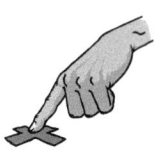

нишон додан

angalia

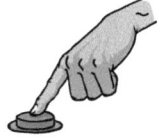

тела додан

sukuma

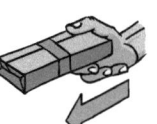

додан

kutoa

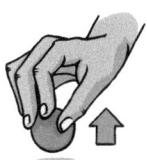

гирифтан

kuchukua

доранд

kuwa

кор

fanya

бошад

kuwa

истодан

kusimama

давидан

kukimbia

кашидан

vuta

партофтан

kutupa

афтидан

kuanguka

дароз кашидан

hadaa

интизор шудан

kusubiri

бардошта бурдан

kubeba

нишастан

kukaa

либос пӯшидан

vaa nguo

хобин

usingizi

бедор шудан

kuamka

нигоҳ кардан

kuangalia

гиря кардан

lia

сила кардан

kiharusi

шона

chana nywele

гап задан

ongea

фаҳмидан

kuelewa

пурсидан

kuuliza

гӯш кардан

kusikiliza

нӯштдан

kunywa

хӯрдан

kula

ғундоштан

nadhifisha

ишқ

upendo

ошпаз

mpishi

рондан

gari

парвоз кардан

kuruka

бо бодбон ҳаракат кардан

meli

ҳисоб кардан

kokotoa

хондан

kusoma

омӯхтан

kujifunza

кор

kazi

оиладор шудан

kuoa

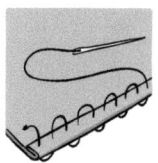

дӯхтан

kushona

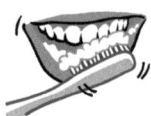

дадон шӯстан

piga mswaki

куштан

kuua

дуд

moshi

фиристодан

kutuma

оила
familia

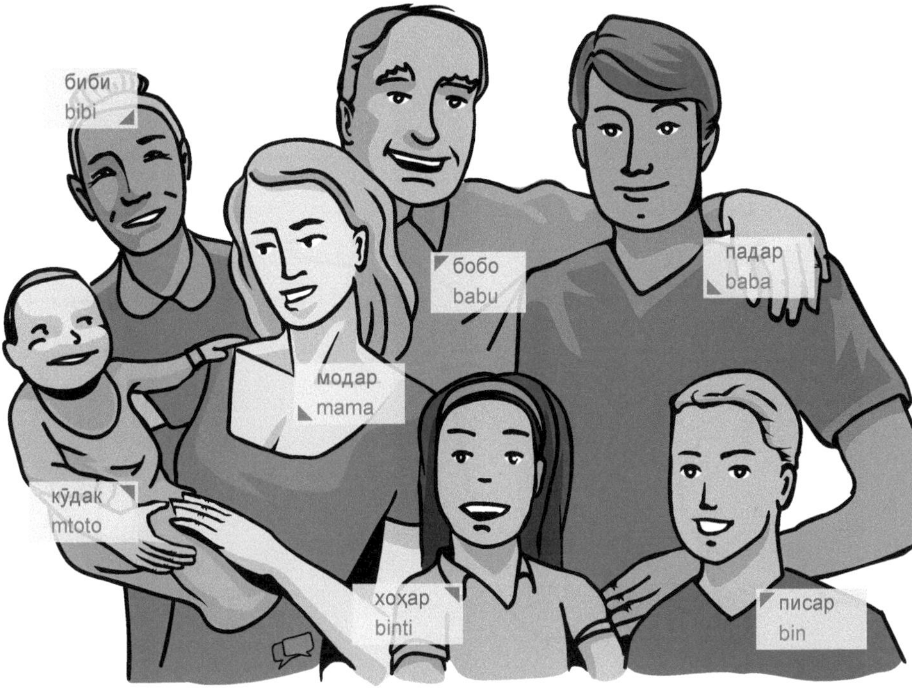

биби
bibi
бобо
babu
падар
baba
модар
mama
кӯдак
mtoto
хоҳар
binti
писар
bin

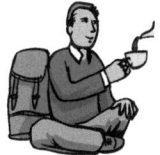

меҳмон

mgeni

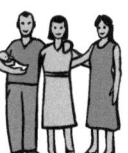

хола

shangazi

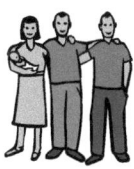

амак

mjomba

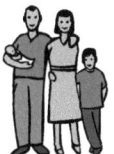

бародар

kaka

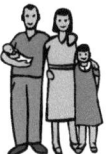

хоҳар

dada

бадан

mwili

пешонӣ
paji la uso
чашм
jicho
китф
bega
ангушт
kidole
рӯй
uso
манаҳ
kidevu
панҷаи даст
mkono
пой
mguu
қафаси сина
matiti
даст
mkono

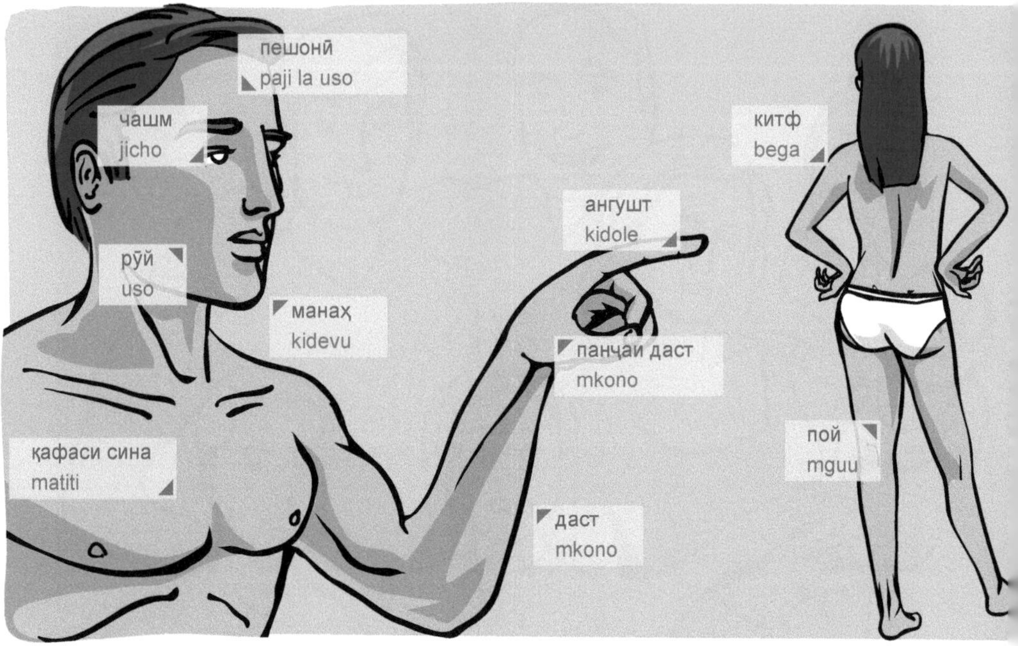

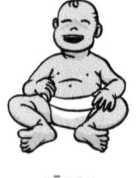

кӯдак

mtoto

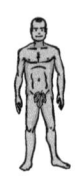

мард

mwanamume

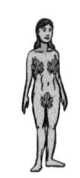

зан

mwanamke

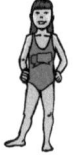

духтар

msichana

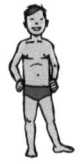

писар

mvulana

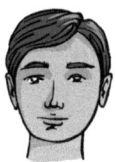

сар

kichwa

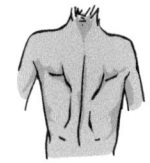

пушт

nyuma

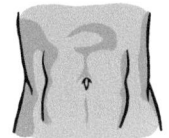

шикам

tumbo

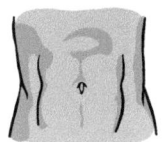

ноф

kitovu

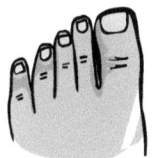

ангушти пой

chano

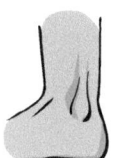

пошнаи пой

kisigino

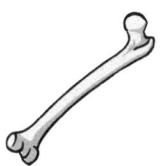

устухон

mfupa

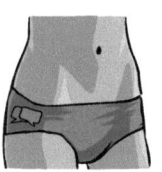

рон

nyonga

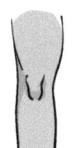

зону

goti

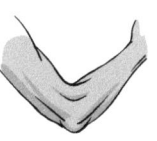

оринҷ

kiwiko

бинй

pua

таг

chini

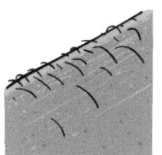

пӯст

ngozi

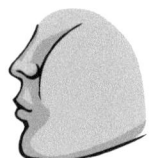

рухсора

shavu

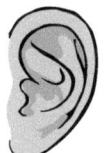

гӯш

sikio

лаб

mdomo

даҳон

kinywa

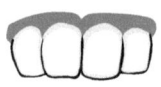

дадон

jino

забон

ulimi

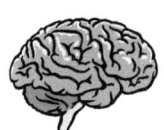

майнаи сар

ubongo

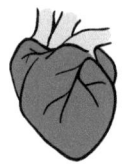

дил

moyo

мушак

misuli

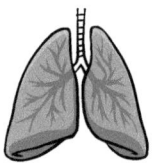

шуш

pafu

ҷигар

ini

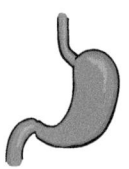

меъда

tumbo

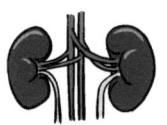

гурдаҳо

figo

алоқаи ҷинсӣ

jinsia

рифола

kondomu

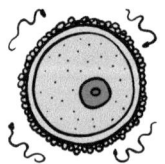

тухмхуҷайра

ovari

нутфа

shahawa

ҳомиладорӣ

mimba

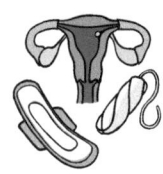

ҳайз

hedhi

маҳбал

uke

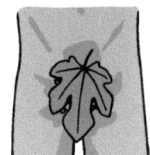

кер

uume

абрӯ

unyusi

мӯй

nywele

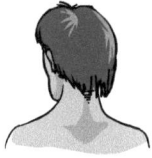

гардан

shingo

бемористон
hospitali

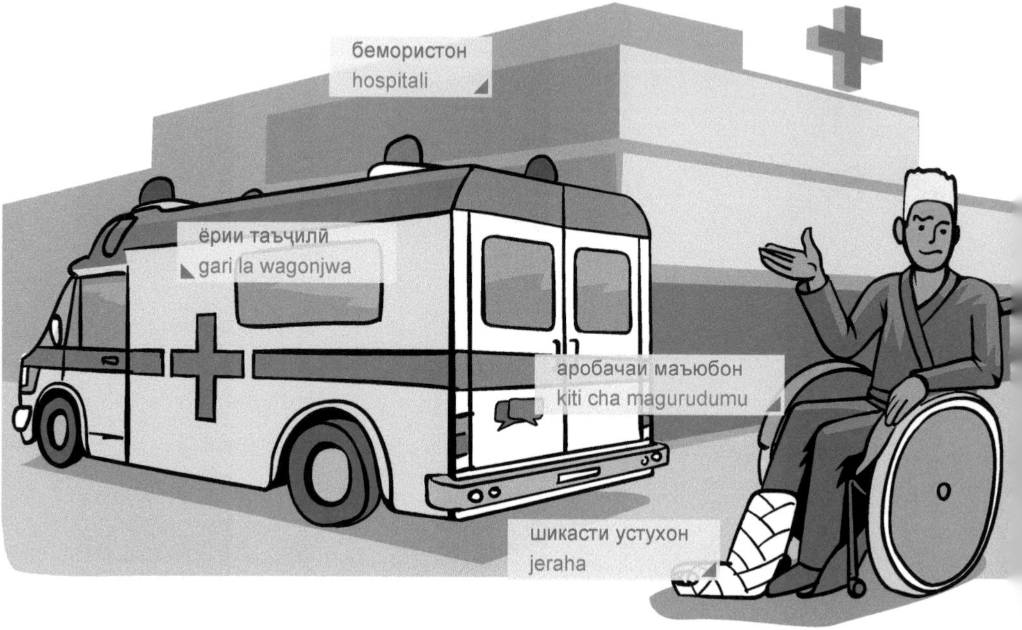

бемористон
hospitali
ёрии таъҷилӣ
gari la wagonjwa
аробачаи маъюбон
kiti cha magurudumu
шикасти устухон
jeraha

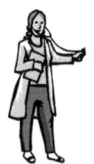

духтур

daktari

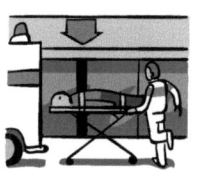

ҳуҷраи ёрии фаврӣ

chumba cha dharura

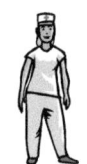

ҳамшираи тиббӣ

muuguzi

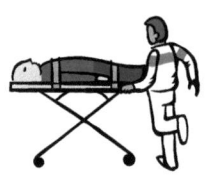

ҳолати фавқулодда

dharura

беҳуш

kupoteza fahamu

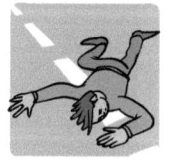

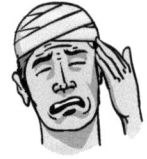

дард

maumivu

ҷароҳат

kuumia

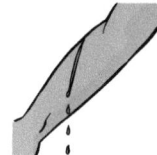

хунравӣ

kutokwa na damu

дилзанак

mshtuko wa moyo

сактаи майна

kiharusi

аллергия

mzio

сулфа

kikohozi

табларза

homa

грипп

mafua

шикамравӣ

kuharisha

сардард

maumivu ya kichwa

саратон

kansa

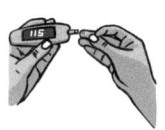

диабет

ugonjwa wa kisukari

ҷарроҳ

daktari mpasuaji

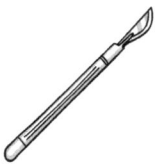

скалпел

kisu kidogo cha kupasulia

ҷарроҳӣ

operesheni

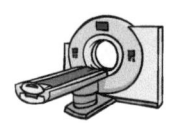

Томографияи компютерй

picha changanufu ya mwili

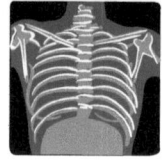

шӯъои ренгенй

Eksrei

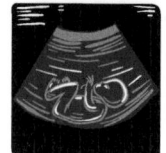

ултрасадо

mawimbi sauti

ниқоби рӯй

barakoa ya uso

беморй

ugonjwa

ҳучраи интизорй

chumba cha kusubiri

асобағал

mkongojo

марҳам

plasta

дока

bendeji

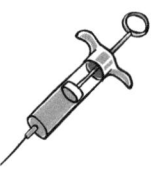

сӯзандору

sindano

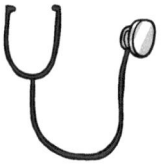

стетоскоп

stetoskopu

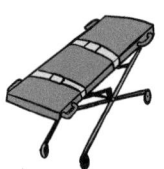

занбар

machela

ҳароратсанҷ

kipimajoto cha kliniki

таваллуд

kuzaliwa

вазни зиёдатй

unene kupita kiasi

таҷҳизоти шунавой

kusikia misaada

моддаи безараргардонй

kipukusi

инфексия

maambukizi

вирус

virusi

ВИЧ / СПИД

VVU / UKIMWI

дору

dawa

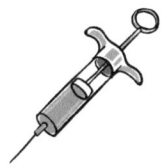

ваксинатсия

chanjo

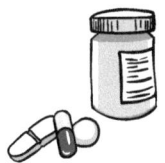

ҳабҳо

vidonge

ҳаб

kidonge

занги изтирорй

simu ya dharura

монитори фишори хун

haemodainamometa

бемор/солим

mgonjwa / mwenye afya

Кумак!

Msaada!

ҳушдор

kengele

ҳучум

pigo

ҳамла

shambulizi

хатар

hatari

баромадгоҳи таҳлиявӣ

lango la dharura

Сӯхтор!

Moto!

оташнишон

kizima moto

садама

ajali

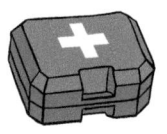

дорукуттӣ

vifaa vya huduma ya kwanza

бонги хатар

wito wa msaada

полис

polisi

Аврупо

Ulaya

Америкаи Шимолӣ

Amerika ya Kaskazini

Америкаи Ҷанубӣ

Amerika ya Kusini

Африка

Afrika

Осиё

Asia

Австралия

Australia

Уқёнуси Атлантик

Atlantiki

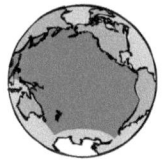

Уқёнуси Ором

Pasifiki

Уқёнуси Ҳинд

Bahari ya Hindi

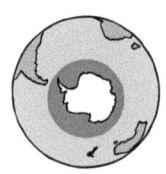

Уқёнуси Антарктика

Bahari ya Antaktiki

Уқёнуси Арктика

Bahari ya Aktiki

Қутби шимол

Ncha ya Kaskazini

Қутби ҷануб

Ncha ya Kusini

Антарктика

Antaktika

замин

dunia

замин

nchi

баҳр

bahari

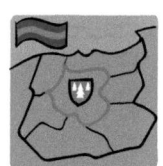

ҷазира

kisiwa

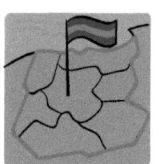

миллат

taifa

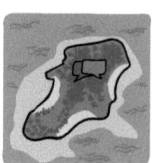

давлат

jimbo

сиферблат

uso wa saa

ақрабаки соат

akrabu ya saa

ақрабаки дақиқашумор

akrabu ya dakika

ақрабаки сонияшумор

akrabu ya sekunde

Соат чанд?

Ni saa ngapi?

рӯз

siku

замон

wakati

ҳозир

sasa

соати электронӣ

saa ya dijitali

лаҳза

dakika

соат

saa

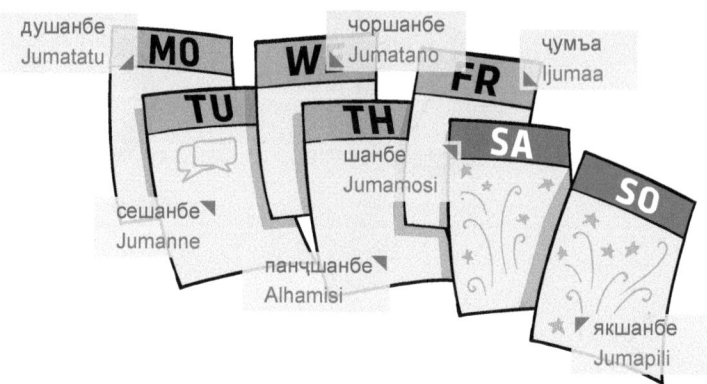

душанбе
Jumatatu

чоршанбе
Jumatano

ҷумъа
Ijumaa

сешанбе
Jumanne

шанбе
Jumamosi

панҷшанбе
Alhamisi

якшанбе
Jumapili

дирӯз

jana

имрӯз

leo

фардо

kesho

пагоҳирӯзӣ

asubuhi

нимрӯз

saa sita mchana

шом

jioni

рӯзҳои корӣ

siku za biashara

истироҳат

mwishoni mwa wiki

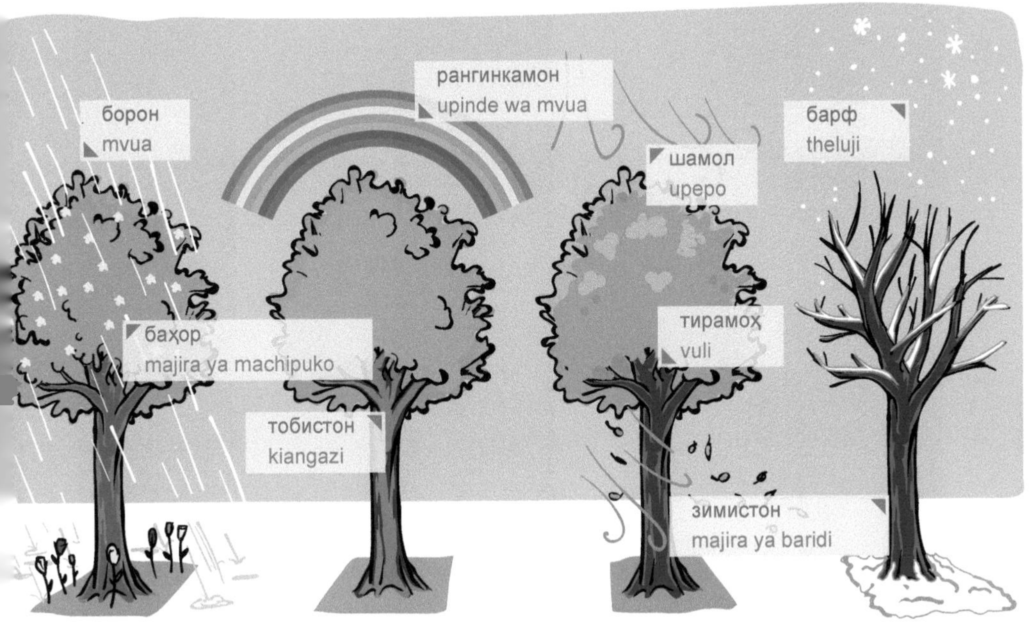

борон
mvua
рангинкамон
upinde wa mvua
барф
theluji
шамол
upepo
баҳор
majira ya machipuko
тирамоҳ
vuli
тобистон
kiangazi
зимистон
majira ya baridi

4.APRIL 11°
5.APRIL 4°
6.APRIL 13°
7.APRIL 8°
8.APRIL 10°

Обу ҳаво

utabiri wa hali ya hewa

F
C
120
90
60
30
0
-30
40
30
20
10
0
-10
-20

ҳароратсанҷ

kipimajoto

равшании офтоб

mwanga wa jua

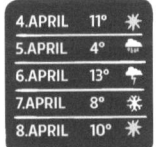

абр

wingu

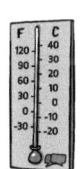

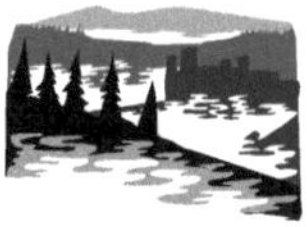

туман

ukungu

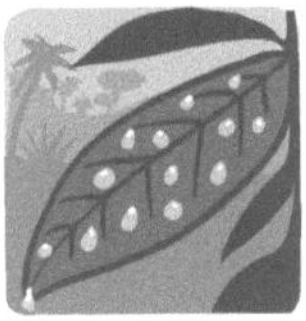

намнок

unyevu

барқ
umeme

тундар
radi

тӯфон
dhoruba

жола
mvua ya mawe

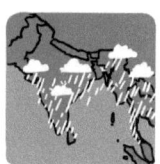

муссон
monsuni

обхезӣ
mafuriko

ях
barafu

январ
Januari

феврал
Februari

март
Machi

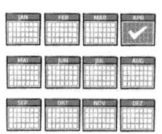

апрел
Aprili

май
Mei

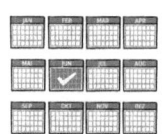

июн
Juni

июл
Julai

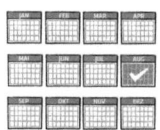

август
Agosti

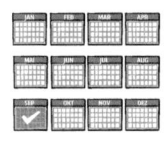

сентябр
....
Septemba

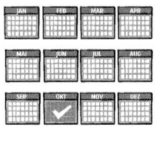

октябр
....
Oktoba

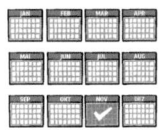

ноябр
....
Novemba

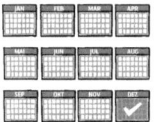

декабр
....
Desemba

баст

maumbo

давра
....
mduara

мураббаъ
....
mraba

росткунья
....
mstatili

секунья
....
pembetatu

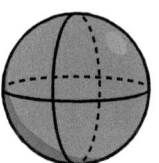

сонъаи
....
nyanja

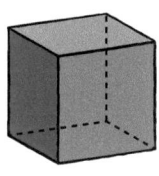

мукааб
....
mchemraba

баст - maumbo

гулобй

nyeupe

хокистаранг

manjano

зард

chungwa

бунафшранг

rangi ya waridi

сурх

nyekundu

қаҳваранг

hudhurungi

кабуд

bluu

сиёҳ

kijani

кабуд

hanja

сафед

jivujivu

сабз

nyeusi

бисёр/кам

mengi / kidogo

хашмгин / ором

hasira / pole

зебо/безеб

nzuri / mbaya

оғози / охири

mwanzo / mwisho

калон/хурд

kubwa / ndogo

дурахшон / торик

angavu / giza

бародари / хоҳар

kaka / dada

тоза/чиркин

safi / chafu

пурра / нопурра

kamilika / tokamilika

рӯзи / шаб

siku / usiku

мурдагон / зинда

wafu / hai

кушод/танг

pana / nyembamba

хӯрданӣ /
хӯрданашаванда
kulika / kutolika

бад/нек

ovu / ema

ба ҳаяҷон / дилгир

sisimkwa / udhika

ғавс/борик

nene / nyembamba

якум/охирин

kwanza / mwisho

Дӯсти / душмани

rafiki / adui

пур/холӣ

jaa / tupu

сахт/мулоим

ngumu / laini

вазнин/сабук

nzito / nyepesi

гуруснагӣ / ташнагӣ

njaa / kiu

бемор/солим

mgonjwa / mwenye afya

ғайриқонунӣ / ҳуқуқӣ

haramu / kisheria

соҳибақл / беақл

akili / kijinga

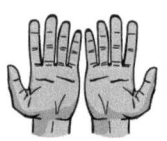

рост/чап

kushoto / kulia

наздик/дур

karibu / mbali

нави / истифода бурда
мешавад

mpya / kutumika

ҳеҷ / чизе

kitu / jambo

пир/ҷавон

zee / changa

оид / хомӯш

waka / zima

кушода/пӯшида

wazi / fungwa

паст/баланд

utulivu / kelele

бой/камбағал

tajiri / masikini

дуруст/нодуруст

sahihi / kosa

дурушт/ҳамвор

mbaya / laini

ғамгин/хушбахт

huzunika / furahia

кӯтоҳ/дароз

fupi /ndefu

оҳиста/тез

polepole / haraka

тар/хушк

nyevu / kavu

гарм / сард

joto / baridi

ҷанг / сулҳ

vita / amani

0

нол

sufuri

1

як

moja

2

ду

mbili

3

се

tatu

4

чор

nne

5

панҷ

tano

6

шаш

sita

7

ҳафт

saba

8

ҳашт

nane

9

нӯҳ

tisa

10

даҳ

kumi

11

ёздаҳ

kumi na moja

12

дувоздаҳ

kumi na mbili

13

сензdaҳ

kumi na tatu

14

чордаҳ

kumi na nne

15

понздаҳ

kumi na tano

16

шонздаҳ

kumi na sita

17

ҳабдаҳ

kumi na saba

18

ҳаждаҳ

kumi na nane

19

нуздаҳ

kumi na tisa

20

бист

ishirini

100

сад

mia

1.000

ҳазор

elfu

1.000.000

миллион

milioni

англисӣ

Kiingereza

англисии амрикой

Kiingereza cha Marekani

мандарини хитой

Kimandarini cha Uchina

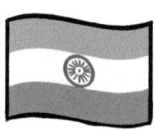

ҳиндӣ

Kihindi

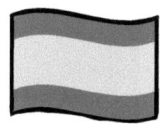

испанӣ

Kihispania

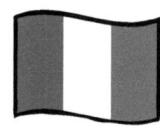

фаронсавӣ

Kifaransa

арабӣ

Kiarabu

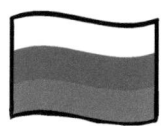

русӣ

Kirusi

португалӣ

Kireno

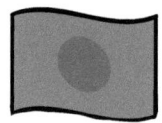

бенгалӣ

Kibengali

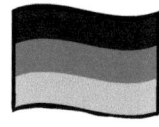

олмонӣ

Kijerumani

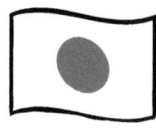

ҷопонӣ

Kijapani

ман
mimi

шумо
wewe

Ӯ / вай / он
yeye / yeye / ni

мо
sisi

шумо
wewe

онҳо
wao

ки?
nani?

чй?
nini?

Чй хел?
jinsi gani?

дар кучо?
wapi?

кай?
lini?

ном
jina

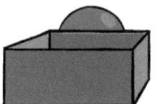

аз паси

nyuma

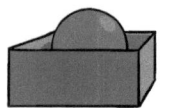

дар

katika

дар пеши

mbele ya

дар болои

juu ya

дар рӯи

kwenye

дар зери

chini ya

дар назди

kando

миёни

kati

чой

mahali